そろそろ挑戦、とっておきの一着

# コートを縫おう。

かたやまゆうこ

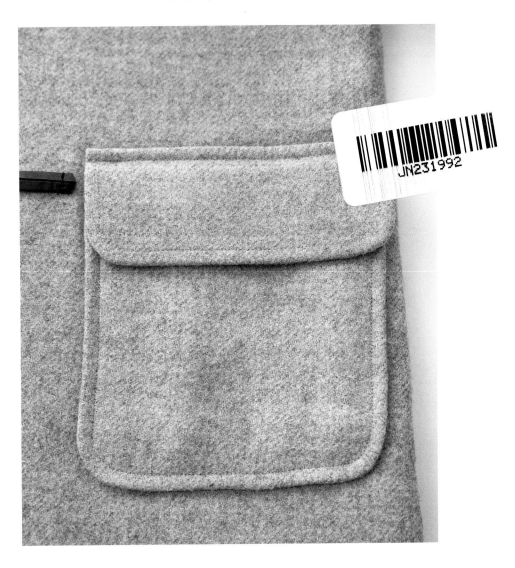

主婦と生活社

服づくりのおもしろさに気づき
服づくりに慣れてきたら
思い切って挑戦してほしい「コート」。
決して簡単とは言えませんが
道のりが長いぶん
完成の喜びも着たときの感動もひとしお。
そして一着「コート」を完成させたあとには
洋裁の世界がさらに広がり
レベルアップを感じられます。
少し長い道のり
ひとつひとつの工程をお楽しみください。

　　　　　ソーイングスペシャリスト　かたやまゆうこ

**1　5つの基本タイプで18着**
基本の5つのデザインとそのアレンジで、
これだけ変わる、楽しめる！
コートづくりはこの本一冊で満足できます。

**2　合理的で簡単な縫い方**
必要のない工程は省き、ミシンを多用する
合理的な縫い方を徹底追求。
部分縫いもマスターできます。

**3　どんな布でも作れる**
どの作品もほぼ好きな生地で作れるから、
一年じゅうコートが楽しめる。
オリジナル作品が楽しめる型紙です。

**4　動画でわかりやすくフォロー**
基本の裏つきコートの作り方は
写真で解説し、わかりにくいところは
動画配信でフォロー。これで挫折しません。

**5　縫った作品は商用利用OK**
型紙のコピーや販売は禁止ですが、
縫った作品はマーケットなどで販売可能。
だれかのために縫う楽しみも味わってください。

## もくじ

|  |  | 作品 | 作り方 |
|---|---|---|---|
| A-1 | 基本のドロップショルダーコート | 4 | 46 |
| A-2 | ドロップショルダー・裏なし&切りっぱなし | 6 | 44 |
| A-3 | ドロップショルダー・裏なし&ロング | 7 | 48 |
| A-4 | ドロップショルダー・フード&ショート | 8 | 50 |
| B-1 | 基本のラグランスリーブコート | 10 | 52 |
| B-2 | ラグランスリーブ・裏なし&ラウンドカラー | 12 | 54 |
| B-3 | ラグランスリーブ・リバーシブル&ロング | 13 | 57 |
| C-1 | 基本のテーラードカラーコート | 14 | 30 |
| C-2 | テーラードカラー・裏なし&ロング | 16 | 58 |
| C-3 | テーラードカラー・ショート | 17 | 56 |
| C-4 | テーラードカラー・リバーシブル | 18 | 62 |
| D-1 | 基本のセットインスリーブコート | 20 | 64 |
| D-2 | セットインスリーブ・トレンチタイプ | 22 | 60 |
| D-3 | セットインスリーブ・裏なし&ロング | 23 | 71 |
| D-4 | セットインスリーブ・ダッフルタイプ | 24 | 66 |
| E-1 | 基本のキモノスリーブコート | 26 | 68 |
| E-2 | キモノスリーブ・オープンカラー | 28 | 68 |
| E-3 | キモノスリーブ・ノーカラー&ロング | 29 | 70 |

| 写真解説　基本のテーラードカラーコートの作り方 | 30 |
|---|---|
| 写真解説　ポケットの作り方 |  |
| ★フラップつきパッチポケット | 36 |
| ♥シームポケット | 37 |
| ♣玉縁ポケット | 38 |
| ♠箱ポケット | 39 |

| 作り始める前の基礎知識 | 40 |
|---|---|
| サイズと出来上がり寸法について | 44 |
| 型紙作りについて | 44 |

**綴じ込み付録　実物大型紙2枚**

# A-1 基本の ドロップショルダーコート

初めて裏つきのコートに挑戦するなら、こんなシンプルなタイプから。つけやすいパッチポケット、ボタン穴いらずのスナップ、なだらかな肩のラインが女性らしいドロップショルダーは、袖つけも簡単です。
アームホールが大きく、下に着るものを選ばないので、一着あるとヘビーローテーション間違いなし。シンプルなデザインほど差が出るので、上質のウールで縫いたいコートです。

- ミディアム丈
- ノーカラーラウンドネック
- パッチポケット
- スナップボタン
- 裏つき

●作り方46ページ

シンプルなフォルムの中に、唯一アクセントになっているパッチポケット。全体の大人っぽいイメージに合わせ、ステッチではなくまつり縫いで。

ボタンはつけず、ビッグサイズのスナップを。金属製ではなく、生地の色と合った樹脂製のものを選ぶと、エレガントな雰囲気に。

袖山がなだらかなドロップショルダーは、いせ込みがいらず、袖つけの難易度はかなり低め。着ていてもラクなので、ついつい袖を通したくなる。

裏地はポリエステルの地模様入りでおしゃれに。裏地つきは難しそうに感じるが、表地の縫い代始末がいらないぶん、想像しているよりきっとラク。

使用生地　ウールカルゼ／ヨーロッパ服地のひでき

# A-2 ドロップショルダー
## 裏なし＆切りっぱなし

目の詰まった圧縮ウールは、ほつれてこない便利素材。そのよさを生かして、前端、袖口、ポケットまで、すべて切りっぱなしにした簡単仕立てです。
デザインポイントは、切り口に施した2本のステッチ。補強の役割も兼ねています。ボタンもつけず、コートというよりロングカーディガンに近い気軽なアイテム。短時間でサクッと縫えますよ。

● 作り方44ページ

- ロング丈
- ノーカラーVネック
- パッチポケット
- 裏なし

使用生地　圧縮ウール

# A-3 ドロップショルダー
## 裏なし&ロング

ロング丈でも長めのスリットを入れているので、足さばきは抜群。歩くたびに生地が揺れ、軽快さをかもし出します。ウールとはいえ、薄くて落ち感があるので、裏なしの一重で作れば春秋のシーズンに重宝します。衿は凝っているように見えますが、深い打ち合わせを折り返しただけ。ボタンをつけ、首元まで閉めて着ると、また違った雰囲気が楽しめます。

● 作り方48ページ

● ロング丈
● ダブル折り返しカラー
● 玉縁ポケット
● 裏なし

使用生地　薄手ウール／岩瀬商店

# A-4 ドロップショルダー
## フード&ショート

衿元をフードつきにアレンジし、ぐっと丈を詰めた大人かわいいショートコート。ざっくりとした質感のあるウールツイードで作ると、アピール度満点です。
フードの裏も表地で仕立てているので、ボタンを開けて着ても裏地が見えない。まるで衿のように見えて、おしゃれです。トグルボタンがかわいいアクセント。

● 作り方50ページ

- ショート丈
- フードつき
- シームポケット
- 裏つき
- トグルボタン

使用生地　ウールファンシーツイード／服地と洋服のお店　ファッションボラリス

# B-1 基本の ラグランスリーブコート

ラグランスリーブは、袖つけラインが特徴的で、これがデザインポイントにもなっています。基本の一着はスタンドカラーでボタン多めの、ちょっとクラシカルなスタイルを意識して。しっとりとしたボルドーのウールメルトンを使いました。
手がこんでいる感じを出したくて、ボタン穴も玉縁仕立てにしましたが、ハードルが高ければ普通のボタン穴でもかまいません。ずーっと着られる、オーソドックスなザ・コートです。

- ミディアム丈
- スタンドカラー
- 箱ポケット
- 裏つき
- 玉縁ボタン穴

●作り方52ページ

なだらかな肩のライン、動きやすいアームホールがラグランスリーブの魅力。いせ込みもなく、袖つけが簡単なので、初心者でも挑戦しやすい。

玉縁仕立てのボタン穴は、パーツを縫い合わせる前に最初に作る。手間はかかるが、いつかは挑戦してみたい。厚手の生地には向かないので注意。

コートでは定番の箱ポケット。いろいろな仕立て方があるが、合理的でわかりやすい作り方で紹介しているので、マスターする絶好のチャンス。

首元を暖かく包み、スッキリとした印象を演出するスタンドカラー。普通の衿つけよりも簡単に作れる。開けて、スカーフなどのおしゃれを楽しんでも。

使用生地　ウールメルトン

# B-2 ラグランスリーブ
## 裏なし&ラウンドカラー

とてもベーシックな形ですが、衿を大きめに、少しだけ丸くして、モードなかわいさを出しました。生地は、ウレタンシートをはり合わせた「ボンディング」といわれるニット素材。一重でも形をキープしてくれ、シワにもなりません。厚みのあるポンチニットでも同じようにきれいに作れます。縫い代はパイピングで始末しています。

●作り方54ページ

● ロング丈
● ラウンドカラー
● 玉縁ポケット
● 裏なし

# B-3 ラグランスリーブ
## リバーシブル&ロング

きれいめスタイルにぴったりの、大人っぽいノーカラーコート。同じパターンでも、アレンジでここまで印象が変わります。
2枚の生地をはり合わせたリバーシブル生地を使い、両面着られるお得な一点。生地端の始末は手仕事ですが、仕立て方は単純かつ、簡単。ひと針ひと針進めていくだけに、完成したときの達成感はひとしおです。

●作り方57ページ

● ロング丈
● ノーカラーVネック
● リバーシブル
● ベルトつき
● 裏なし

使用生地　リバーシブルウール

# C-1 基本の<br>テーラードカラーコート

テーラードカラーが縫えれば、がぜん腕が上がった気がしますよね。難しそうに感じますが、テクニックはいらない縫い方にしたので、順番通りに縫い進めばいつのまにか完成。
身頃のシルエットをゆったりとさせ、全体としてはカジュアルテイスト。こんなビビッドなチェックで冒険するもよし、無地でベーシックにいくもよし。生地をかえていくつも作りたくなります。

● ミディアム丈
● 玉縁ポケット
● 裏つき

●作り方（写真解説）30ページ

玉縁ポケットは、玉縁の幅をちょっと太めにするだけでハードルが下がる。特に厚手のウールはそう。薄い生地は細めにするなど、慣れたらお好みで。

憧れのテーラードカラーも意外と簡単。衿の角がきれいに出せると、美しい仕上がりになる。オリジナルのネームラベルがあると、まるで既製品みたい。

チェックの生地は柄合わせがうまくいくと、ぐんと仕立て映えする。生地が派手な色なので、ボタンはごくシンプルなメンズライクのものをチョイス。

ツイードの中でも人気があるハリスツイード。この柄も一見派手に見えるが、さまざまな深みのある色が混じり、着てみると最高におしゃれ。

使用生地 ウールハリスツイード／オカダヤ新宿本店

# C-2 テーラードカラー
## 裏なし&ロング

軽くて薄いナイロンコットン生地を使った裏なし仕立てのコート。ちょっと肌寒いときに羽織るアイテムとして大活躍です。たたむとコンパクトになって、旅行のお供にもよさそう。撥水効果のある生地なら、レインコートにもなります。薄い生地なので、縫い代はロックやジグザグ処理でOK。着るのも縫うのも、どこまでも軽快なコートです。

● 作り方58ページ

● ロング丈
● 箱ポケット
● 裏なし

使用生地　ナイロンコットンピーチスキン／ヨーロッパ服地のひでき

# C-3 テーラードカラー
## ショート

丈を思いっきり短く詰めて、ジャケット感覚の一着にアレンジ。前すそ、衿の角を丸くカットしたら、雰囲気が一変。やわらかくカジュアルな楽しさが出ました。
無地で作るとシンプルすぎるので、少しテクスチャーのある生地や柄生地で作るとおもしろい。パンツスタイルに合わせやすいコートです。

● 作り方56ページ

● ショート丈
● シームポケット
● 裏つき

# C-4 テーラードカラー
## リバーシブル

伝統的なブラックウォッチチェックとチャコールグレーのリバーシブルウール。両面とも使い勝手のよいコートです。
リバーシブル生地だから前見返しがいらず、衿がよりラクに仕立てられます。衿は裏の別柄が出るので、これがほどよいアクセントに。チャコールグレーの無地側にだけ、パッチポケットをつけました。

● 作り方 62 ページ

● ミディアム丈
● パッチポケット
● リバーシブル

# D-1 基本のセットインスリーブコート

肩先から袖がつくセットインスリーブは、袖を筒状に作ってからつけるから、袖つけにちょっとテクニックが必要。でもていねいにきれいにつけられたら、ぐんと仕立て映えします。ベーシックで上品、年齢を選ばない、丈を長くしても短くしてもOKと、定番のコートとしてぜひ押さえておきたいデザイン。上質な生地で作れば、本当に一生ものの一着になります。

● ミディアム丈
● ノーカラーラウンドネック
● シームポケット
● 後ろベンツ
● 裏つき
● スナップボタン

●作り方 **64**ページ

袖つけは、筒状に縫ってから袖山をいせ込み、身頃と縫い合わせる。腕のつけ根の厚みを包み込み、立体的な美しいフォルムが特徴。

素晴らしいシャギーの質感を邪魔しないよう、ボタンはつけず、同色に近い布で包まれているシルクスナップをセレクト。

ポケットは脇の縫い目を利用したシームポケットにし、目立たないように。あくまでもシンプルに徹し、大人のエレガンスを目指して。

裏地には細いストライプ柄を選び、ちょっとした遊び心を。さわやかな色合いが、表地の深いネイビーを際立たせて相性がよい。

使用生地　厚手ウールシャギー／ヨーロッパ服地のひでき

# D-2 セットインスリーブ
## トレンチタイプ

憧れのトレンチコートに挑戦してみませんか？
伝統的なデザインのものより簡単に、カジュアルにアレンジし、実用性を優先しました。生地はストレッチ素材を選ぶと、硬すぎず、着心地よく仕上がります。たしかにパーツは多いけれど、作りがいはほかのどの作品にも負けません。黙々と、縫う楽しみを味わってください。

● 作り方 60ページ

- ロング丈
- ステンカラー
- 箱ポケット
- 後ろベンツ
- ヨーク、肩章、袖ベルト、ベルトつき
- 裏つき

# D-3 セットインスリーブ
## 裏なし&ロング

春先にまといたい、サラリとした一重のコート。薄手のコットン生地だから、丈が長くなっても重くならず、軽快なシルエットです。デニムのコートは合わせるものを選ばないので、一着持っているととっても便利。さらに、こんなデニム調のプリント生地なら、カジュアルすぎず、きれいめなコーディネートに仕上がります。

●作り方 71 ページ

- ロング丈
- ステンカラー
- 箱ポケット
- 後ろベンツ
- 裏なし

使用生地　コットンポリエステルデニムストレッチ／布地のお店 ソールパーノ

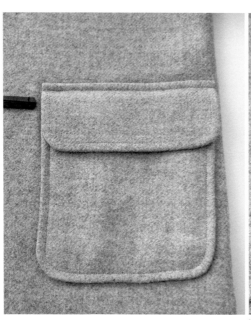

上・ポケットは、ダッフルらしいフラップつきのパッチポケット。ステッチを効かせたいときは、上糸に30番のミシン糸を使うのがおすすめ。

右上・トグルボタンは市販のものもあるが、黒にこだわりたくて、革テープと組み合わせて自作。結果、これが大人っぽさの決め手に。

右下・タブはボタンでとめつける仕組み。色はトグルボタンに合わせて。ステッチをかける幅は、ポケット、ヨークなどとすべて統一する。

# D-4 セットインスリーブ
## ダッフルタイプ

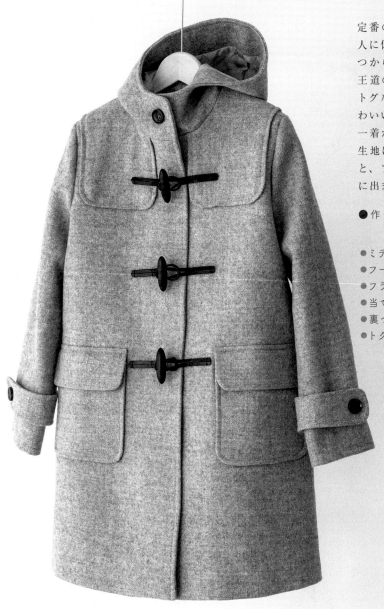

定番のコートではあるけれど、大人に似合うダッフルはなかなか見つからないから……と試行錯誤。王道の杢グレーのウールを使い、トグルボタンは黒でシックに。かわいいのにかっこいい満足のいく一着が完成しました。
生地は少し張りのあるものを使うと、フードなどの立体感がきれいに出ます。

● 作り方66ページ

- ミディアム丈
- フードつき
- フラップつきパッチポケット
- 当て布、タブ
- 裏つき
- トグルボタン

使用生地　厚手ウール／岩瀬商店

# E-1 基本の キモノスリーブコート

最後はちょっと個性的なデザインをご紹介します。身頃と袖が続いているキモノスリーブで、脇のパーツと縫い合わせて作ります。パーツの数が少なく、袖つけがいらないので、裁断から縫製までスピーディに仕上がるのが魅力。形が個性的なぶん、着るだけでコーディネートにインパクトが出るのも魅力。冬の白は着映えがします。

- ショート丈
- ステンカラー、ダブル
- 変わりシームポケット
- 裏つき

● 作り方 **68ページ**

身頃と袖の間の鋭角な切り替えラインがこのデザインのポイント。角を縫うのは難しいが、ほつれにくい圧縮ウールニットなら、きれいに縫える。

縫い目を利用して、袋布と身頃を続けて裁った簡単シームポケット。ちょっと前寄りについたポケットは、使い勝手もよく、防寒にも役立つ。

ダブルの打ち合わせのいちばん上のボタン穴は、斜めに開けて。ちょっとした工夫だが、ボタンをはずしているときでもアクセントに。

衿ぐりの詰まった大きめの衿がほんのりクラシカル。張りのある圧縮ウールニットできれいな形に。ボタンを上までとめずに、開けて着てもOK。

使用生地　圧縮ウールニット

# E-2 キモノスリーブ
## オープンカラー

基本タイプとは打って変わり、個性的な大柄のウール生地を使って。身頃と袖をつなげて裁ったキモノスリーブは、袖に向かってチェックがバイアスになり、インパクト大。こういう柄の出方を楽しめるのも、このパターンの魅力です。ボタンは2つだけにして衿を開いて着ると、また違った味わいです。

● 作り方68ページ

● ショート丈
● オープンカラー、ダブル
● 変わりシームポケット
● 裏つき

# E-3 キモノスリーブ
## ノーカラー&ロング

衿をなくしたら、印象がガラリと変わりました。衿はラウンドカラーにし、略比翼仕立てでボタンが外から見えない仕様に。スッキリとした中にも、女性らしさが漂うのは、ゆるやかなパネルラインのフォルムも手伝ってのことでしょう。アイボリーだとコンサバなイメージが強いのですが、色と素材によって、モードにも変身しそう。

● 作り方 70ページ

● ロング丈
● ノーカラーラウンドネック
● 変わりシームポケット
● 裏つき
● 略比翼仕立て

使用生地　カシミヤ入り厚手ウール

### p14
# C-1 基本のテーラードカラーコートの作り方

使用型紙 **あ**面 (C)、**い**面 (♣玉縁ポケット)

裏地つきコートの代表として、p14の「基本のテーラードカラーコート」の作り方をプロセス写真で解説します。QRコードから動画も見られます。基本的な縫い方の順序、どんでん返しの方法などは、多くの掲載作品と共通しています。巻末の作り方で、このページ参照の指示がある場合は、こちらを見て縫い進めてください。左右同じ工程の場合、右で解説しています。

#### 出来上がり寸法 (cm)

|  | S | M | L | LL |
|---|---|---|---|---|
| 胸回り | 105 | 112 | 118 | 123 |
| 背肩幅 | 28.5 | 30 | 31.5 | 33 |
| 着丈 | 82 | 84.5 | 86.5 | 89 |
| 袖丈 | 45.5 | 47 | 48 | 49.5 |

**用語解説**
【きせをかける】…裏地に動き分のゆるみを持たせること。
【中とじ】…裏地を表地にゆるくとめつけ、ずれないようにすること。

**材料**
<生地>
○表地 ウールハリスツイード 150cm幅
　S1m90cm　M2m　L2m40cm　LL2m50cm
○裏地 137cm幅
　S1m40cm　M1m50cm　L1m70cm　LL2m
<副資材>
○接着芯 90cm幅 2m80cm
○伸び止めテープ 9mm幅
○ボタン 25mm 1個

**作り方のポイント**
○チェックの表地は裁断時に柄合わせをします(p42参照)。目立つ柄同士をまち針でとめて、柄がずれないように縫いましょう。

### 生地の裁ち方 (単位cm)

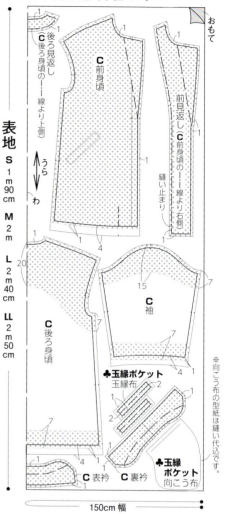

表地 S1m90cm M2m L2m40cm LL2m50cm / 150cm幅

裏地 S1m40cm M1m50cm L1m70cm LL2m / 137cm幅

## 1 接着芯をはる

生地の裁ち方図を参照して表地、裏地、接着芯を裁断し、表地の各パーツに接着芯をはる (p41参照)。袖口と前身頃のすそは、接着芯を7cmの帯状に切り、パーツに合わせて切ってはるとラク。

## 2 ポケットを作る

前身頃に玉縁ポケットを作る(作り方はp38参照)。どのコートでも、原則として身頃を縫い合わせる前にポケットをつけてしまうと、あとの取り回しがラク。

※向こう布の型紙は縫い代込です。
※裏袖・袋布の型紙は縫い代込です。
※指定以外の縫い代は1.5cmです。の位置に接着芯をはります。

## 3 表身頃を作る

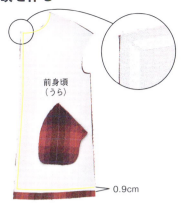
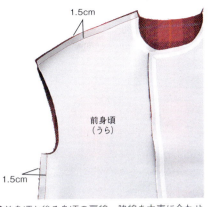

❶前身頃の衿ぐりからすそにかけて、縫い代の内側（布端から0.9cmの位置）に伸び止めテープをはる。角は斜めにカットして突き合わせてはる。

❷前身頃と後ろ身頃の肩線、脇線を中表に合わせて縫う。

❸肩と脇の縫い代をアイロンで割り、すその縫い代もアイロンで折り上げる。

## 4 裏衿をつける

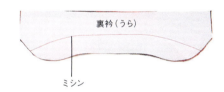

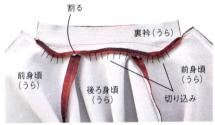

❶裏衿の返り線をミシンで縫う。

❷裏衿と表身頃を中表に合わせ、衿つけ止まりから衿つけ止まりまでミシンで縫う。このとき、前身頃のノッチと、衿の縫い始めの点（縫い代1cm分内側）を合わせて縫う。

❸縫い代をアイロンで割る。このとき、カーブ部分の縫い代が突っぱるようなら、切り込みを入れる。

## 5 表袖を作り、表身頃につける

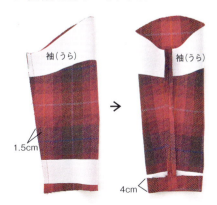
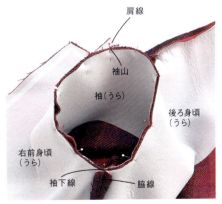
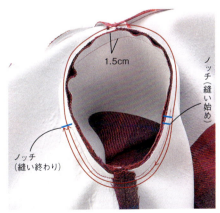

❶袖を半分に折り、袖下線を縫って筒状にする。縫い代はアイロンで割り、袖口の縫い代もアイロンで折り上げる。

❷袖をおもてに返し、表身頃の袖ぐりの穴の中に入れ、中表に合わせる。肩線と袖山、脇線と袖下線を合わせてまち針でとめ、その間のノッチも合わせてまち針でとめる。

❸袖下が二重に縫われるように、ノッチからノッチまでぐるりと縫う。

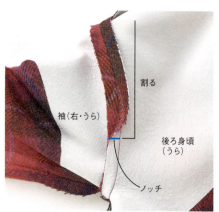

❹縫い代をアイロンで割る。ノッチから徐々に割り、袖山はしっかり割る。

## 6 裏身頃を作る

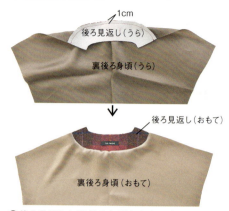

❶後ろ見返しと裏後ろ身頃を中表に合わせて縫う。おもてに返し、縫い代は裏地側にふんわりと倒す。ネームラベルをつける場合はここで。

❷裏前身頃と前見返しを中表に合わせ、縫い止まりのノッチから上を縫う。この状態で前見返しが1cm長くなっているのが正しい。おもてに返し、縫い代は裏地側にふんわりと倒す。

❸前見返しと、裏前身頃の縫い残した部分（ノッチから下）の縫い代をアイロンで割る。

❹①の裏後ろ身頃と、②の裏前身頃の肩線を中表に合わせて、布端から1.5cmのところを縫う。脇線は布端から1.2cmのところを縫う。

肩の縫い代は見返しの部分のみアイロンで割り、残りの縫い代はアイロンで後ろに倒す。

脇の縫い代は、アイロンで1.5cm後ろに折る（0.3cmのきせをかける）。

## 7 表衿をつける

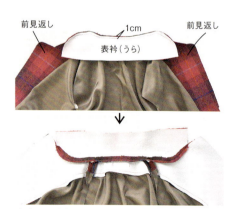

裏身頃と表衿を中表に合わせ、衿つけ止まりから衿つけ止まりまで縫う。4の②と同様、前見返しのノッチと衿の縫い始めの点を合わせて縫うこと。縫い代はアイロンで割り、突っぱるようならカーブ部分に切り込みを入れる。

## 8 裏袖を作り、裏身頃につける

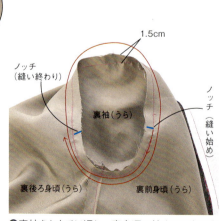

❶裏袖を半分に折り、袖下線を布端から1.2cmのところで縫って筒状にする。縫い代はアイロンで1.5cm後ろに折る（0.3cmのきせをかける）。

❷裏袖をおもてに返し、裏身頃の袖ぐりの穴の中に入れ、中表に合わせる。肩線と袖山、脇線と袖下線を合わせてまち針でとめ、その間のノッチも合わせてとめる。表袖と同様に、袖下が二重になるようにノッチからノッチまで縫う。

## 9 表身頃と裏身頃を縫い合わせる

❶ 前見返しと前身頃の布端を中表に合わせ、見返しの奥から縫い始める。

❷ 衿つけ止まりまで縫ったら、いったん糸を切る。

❸ 縫い代を下に倒し、衿側の衿つけ止まりから縫い始めて反対側の衿つけ止まりまで縫って糸を切る。再び縫い代を上に倒し、身頃側の衿つけ止まりから、反対側の見返しの奥の縫い終わり位置まで縫う。

## 10 おもてに返す

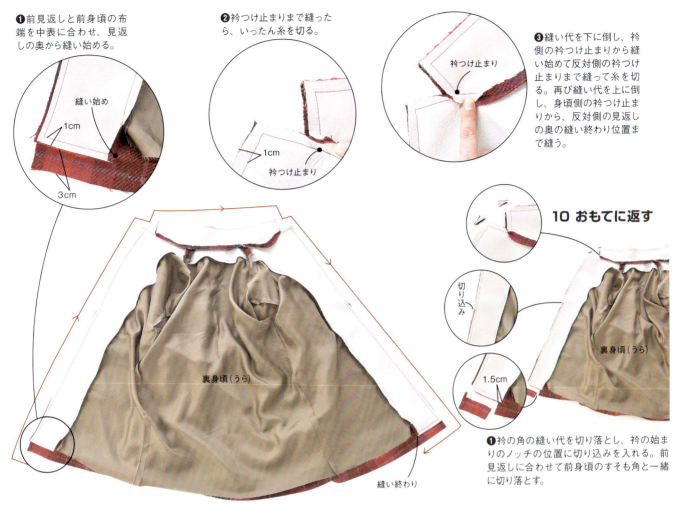

❶ 衿の角の縫い代を切り落とし、衿の始まりのノッチの位置に切り込みを入れる。前見返しに合わせて前身頃のすそ角と一緒に切り落とす。

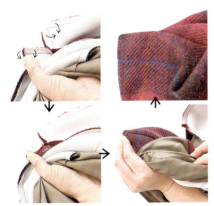

❷ 衿をおもてに返す。まず、衿の角に人さし指を入れ、外に残した親指と人さし指で衿の縫い代を2辺きっちりと折って押さえたまま、この部分だけおもてに返す。きっちり折ってあると、目打ちで整えるのも簡単。

❸ 残りの衿の角、すそ角も同様におもてに返し、最終的に全体をおもてに返す。この時点でアイロンをかけて一度整える。表袖と裏袖はまだ重ねない。

## 11 衿ぐりの中とじ

表身頃と裏身頃の衿ぐりの縫い目を合わせ、まち針でとめる。裏身頃をすそからめくり、表身頃と裏身頃の衿ぐりの縫い代を縫い合わせる。しつけ糸2本どりで、ときどき返し縫いを入れながら並縫いで縫いとめる。

## 12 肩線の中とじ

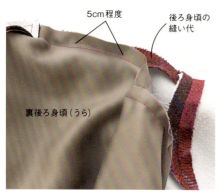

裏身頃をめくった状態のまま、裏身頃の肩の縫い代2枚と、後ろ身頃の肩の縫い代1枚を合わせ、ミシンで縫いとめる(中とじ)。

## 13 袖口を縫って袖の中とじ

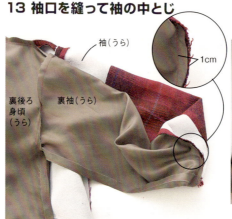

❶袖と裏袖の袖口を中表に合わせて縫う。

❷袖の袖口の縫い代を**5**の❶の折り目で折り、その状態で、袖口の布端を袖に縫いとめる(中とじ)。おもてにひびかないよう、ゆるくまつる。

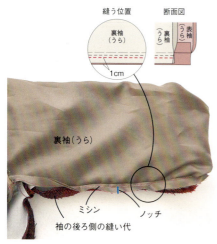

❸裏袖の袖下の縫い代2枚と、袖の後ろ側の縫い代1枚をノッチで合わせ、ミシンでノッチの前後を10cmほど縫う(中とじ)。

## 14 すそを縫ってすその中とじ

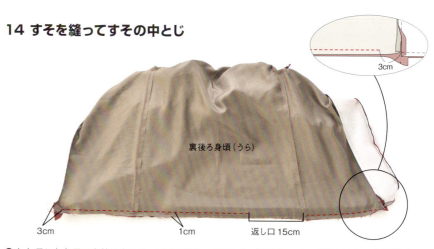

❶表身頃と裏身頃の布端を合わせ、すそを縫う。このとき、両端3cmと、返し口15cmほど残す。

❷表身頃のすその縫い代を**3**の❸の折り目で折り、その状態で、裏身頃のすその布端をゆるくまつって表地に縫いとめる(中とじ)。返し口は裏地をすくわずまつる。

## 15 脇の中とじ

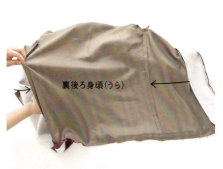

❶表身頃を、後ろ身頃の表地と裏地の間に、両側から入れ込む。

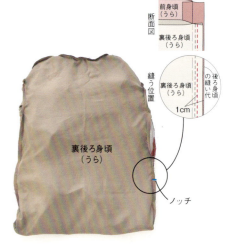

❷後ろ身頃の裏地と表地の間にすっぽりと前身頃が入ったら、脇の中とじをする。裏地の脇の縫い代2枚と、後ろ身頃の縫い代1枚を合わせ、ノッチの前後15cmほどをミシンで縫う(中とじ)。

## 16 どんでん返し

すその返し口から手を入れ、全体を少しずつたぐり寄せるように引っぱり出しておもてに返す。

## 17 仕上げ

❶すその返し口を 14 の①の縫い目に続くように裏地を折ってまつって閉じる。裏前身頃のすその角を折り込んで整え、まつり縫いと千鳥がけで縫う。

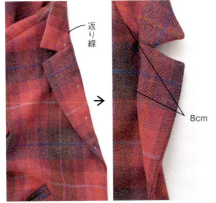

❷衿を折り返してまち針でとめ、その状態で衿をめくり、返り線から3cmのところに8cmほど、衿に隠れるようにミシンをかける。

## 18 ボタン穴を作り、ボタンをつける

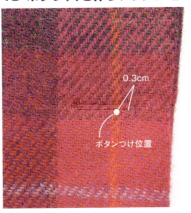

❶右前身頃に型紙を合わせ、ボタンつけ位置の印をつけ、つけるボタンサイズに合わせてボタン穴を作る。ミシンで縫っても、専門店に依頼してもいい。

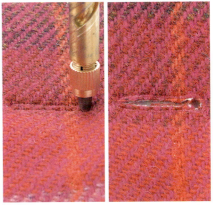

❷ハトメ穴の場合は、ポンチで穴をあける。ボタン穴のかがり糸を切らないように注意。

❸左前身頃にもボタンつけ位置の印をつけ、ボタンをつける。身頃に厚みがあるので、ボタンが少し浮くように糸を巻いて足を長くする。

## 完成

## ★パッチポケット
フラップつき
（右身頃で説明しています）

ポケットの中でいちばん簡単。裏つきで作る場合は、裏地で裏ポケットを作るのが一般的です。フラップをつけなければ、一般的なパッチポケットです。ミシンでつけず、周囲をまつりつけてもいいでしょう。
※パーツを裁断し、接着芯をはってノッチを入れる。前身頃にポケットつけ位置、フラップつけ位置を印す。

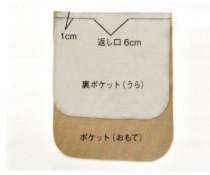

❶ポケットに裏ポケットを中表に重ね、返し口を6cmほどあけて縫い合わせる。

❷おもてに返し、表ポケットの縫い代をアイロンで折る。

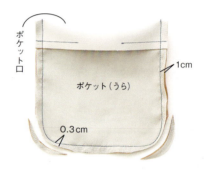

❸再び中表に折り返し、ポケットの周囲の布端をそろえて縫い、カーブの部分の縫い代をカットする。

❹返し口からおもてに返し、裏地を控えるようにしてアイロンで整える。返し口をまつって閉じる。

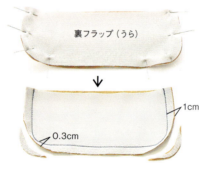

❺フラップを縫う。フラップと裏フラップを中表に重ね、布端をそろえてまち針でとめる。裏フラップが少し小さい分、反った状態になるが、このまま周囲を縫う。カーブの部分の縫い代をカットする。

❻おもてに返し、裏地を控えるようにしてアイロンで整える。おもてから周囲にステッチをする。

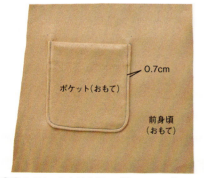

❼❹のポケットを前身頃のポケットつけ位置に縫いつける。このとき、フラップのステッチ幅と合わせる。

❽❼のフラップを、中表にしてフラップつけ位置に縫いつける。縫い代を0.5cmにカットする。

❾フラップをアイロンで下向きに折って整え、折り目から0.7cmのところにステッチをかけて押さえる。

## ♥シームポケット

（右身頃で説明しています）

縫い目を利用したポケット。ポケットはつけたいけれど、あまり目立たせたくないというときに最適。これはポケット口にステッチをかけず、より目立たない縫い方です。ポケット口に補強のミシンをかけているので、強度は心配ありません。

※袋布、吊り布を裁断し、袋布、身頃の脇線にポケット口のノッチを入れる。

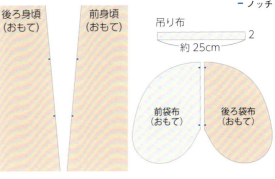

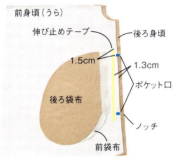

❶前身頃のうらのポケット口に伸び止めテープをはる。

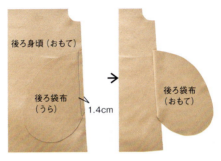

❷後ろ身頃と後ろ袋布のノッチを合わせて中表に重ね、布端から1.4cmのところを縫う。後ろ袋布をアイロンで倒す。

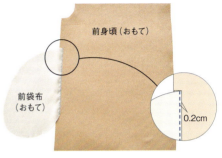

❸後ろ袋布と同様に前身頃と前袋布のノッチを合わせて中表に重ね、布端から1.4cmのところを縫う。前袋布をアイロンで倒し、押さえミシンをかける。

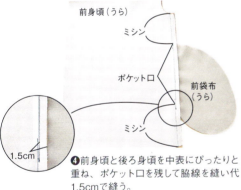

❹前身頃と後ろ身頃を中表にぴったりと重ね、ポケット口を残して脇線を縫い代1.5cmで縫う。

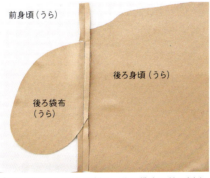

❺縫い代をアイロンで割る。後ろ袋布は前に倒す。

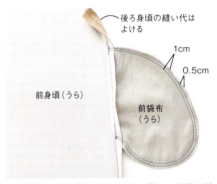

❻前袋布と後ろ袋布をぴったりと重ね、脇線の縫い目から縫い始めて周囲をぐるりと二重に縫う。

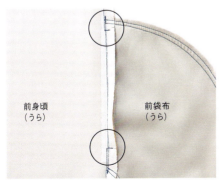

❼後ろ身頃の縫い代をよけたまま、前身頃の縫い代の上から、ポケット口に補強のミシンをかける。3〜4回返し縫いをすればOK。脇線の縫い目からはみ出さず、縫い代だけにかけるのがポイント。

❽表から見ると、この縫い目がポケット口を補強しているのがわかる。

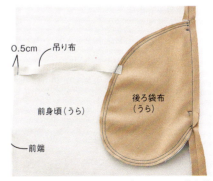

❾袋布が落ちないように吊り布をつける。端を袋布の縫い代に縫いつけ、もう片方の端を前端の縫い代に縫いつける。突っぱらない程度にゆるみを持たせること。余分な吊り布はカットする。

## ♣ 玉縁ポケット
（右身頃で説明しています）

表地を切って作るポケットで、あらかじめ玉縁布を折ってからつける縫い方です。向こう布は表地を使い、袋布は裏地を使います。裏地をつけずに仕立てる場合は、袋の周囲の布端の始末が必要になります。

※パーツを裁断し、接着芯をはり、前身頃に玉縁つけ位置を印す。

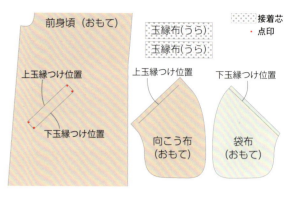

❶ 玉縁布をアイロンで二つ折りにする。

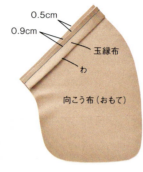

❷ 向こう布に玉縁布を重ね、玉縁布の布端から0.9cmのところを縫う。

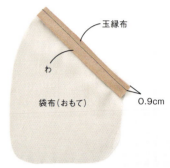

❸ もうひとつの玉縁布は、袋布の上の布端とそろえて重ね、玉縁布の布端から0.9cmのところを縫う。

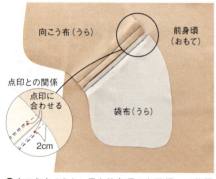

❹ 向こう布のミシン目を前身頃の上玉縁つけ位置に合わせ、0.1cm外側を縫う。袋布のミシン目を前身頃の下玉縁つけ位置に合わせ、0.1cm外側を縫う。このとき、両端2cmは縫い残す（上下の玉縁つけ位置の幅だけ縫う）。

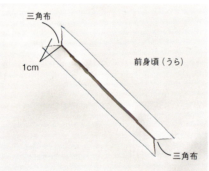

❺ 前身頃のうらから切り込みを入れる。左手で玉縁布をよけながら前身頃だけに切り込みを入れる。ミシン糸を切らないようにぎりぎりまで矢羽に切る。

❻ 手前にある向こう布と袋布を切り込みからうら側に出す。

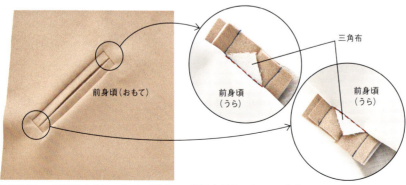

❼ 玉縁布を起こし、写真のようにアイロンで整える。両側の三角布もうらに出して整える。

❽ 前身頃をめくり、三角布を玉縁布と向こう布にミシンで縫いとめる。できるだけ三角のつけ根ぎりぎりにかけるといい。

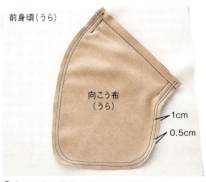

❾ 向こう布と袋布を重ねて両面接着テープで接着し（p39 ❿参照）、周囲をぐるりと二重に縫う。

# ♠ 箱ポケット

（右身頃で説明しています）

コートに使われる切りポケットのひとつ。箱布の下に切り込みが隠れています。いろいろな縫い方がありますが、箱布を先に作るこの縫い方が、初心者にはおすすめです。
※パーツを裁断し、接着芯をはる。箱布にノッチを入れる。前身頃に箱布つけ位置を、前身頃と向こう布にそれぞれ箱布中央線を印す。

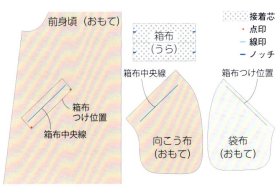

❶ 箱布を中表に二つ折りにし、両脇を布端から2.5cm（ノッチ）まで縫う。おもてに返し、角を出してアイロンで整える。

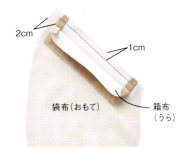

❷ 箱布を開き、袋布の箱布つけ位置に重ねて縫う。

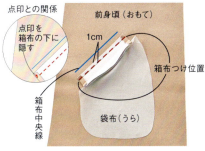

❸ ②で縫った箱布の反対側を、前身頃の箱布つけ位置に中表に重ね、縫う。

❹ 向こう布と前身頃を中表に重ね、箱布中央線を合わせて縫う。

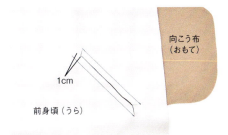

❺ うらから、縫い目の間に矢羽に切り込みを入れる。向こう布、箱布、袋布はよけ、前身頃だけを切る。

❻ 袋布と向こう布を切り込みからうら側に出す。

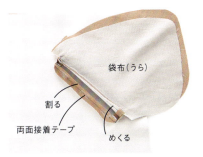

❼ 箱布・袋布の縫い代をめくり、箱布と前身頃の縫い代をアイロンで割り、上に両面接着テープを置く。

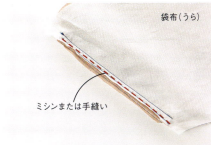

❽ 箱布・袋布の縫い代をかぶせて戻し、アイロンで接着し、前身頃をよけて縫い代のみを縫いとめる。

❾ 袋布を手前に倒し、切り込みの両側の三角布は折らずに整える。

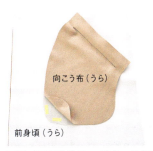

❿ 袋布の周囲に両面接着テープをところどころに置き、向こう布を重ねてアイロンで接着する。

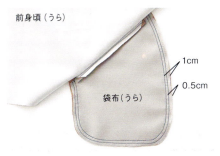

⓫ 袋布と向こう布をぴったりと重ね、周囲をぐるりと二重に縫う。

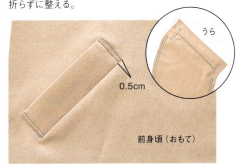

⓬ 箱布をアイロンで整え、両端にステッチを入れてとめる。右上はうらから見た状態。

## 作り始める前の基礎知識

# 生地選び

ほとんどの作品は、使用生地にとらわれず、好きな生地で仕立てられます。着たい季節に合わせて素材を選べば、一年を通して楽しめますね。春秋なら、綿、麻、ポリエステル。サラッとした薄手のウールなどを使って裏なし仕立て（一重）に。冬場に着たい厚手のウールは、裏つき仕立てにすると着心地もよく、保温性もアップします。使用生地を紹介していますので、参考にしてください。

### 裏なし仕立て

● p6で使用
**圧縮ウール**
ウールを熱湯や湯気で加工し、フェルト状にしている。目が詰まっているので薄手でも暖かく、切りっぱなしでもほつれにくい。

● p7で使用
**薄手ウール**
ポリエステルが少し入った、サラリとしたウール。しなやかで落ち感もあるので、裏なし仕立てにも最適。

● p12で使用
**ポリエステルニットボンディング**
薄手のポリエステルニット地の間に、ウレタンシートをはさんだユニーク素材。肉厚で、シルエットを保ちやすい。

● p16で使用
**ナイロンコットンピーチスキン**
綿とナイロンの混紡で、薄いながらもシワになりにくくて丈夫なので、アウターに最適。かすかな起毛加工でなめらか。

### 裏つき仕立て

● p23で使用
**コットンポリエステルデニムストレッチ**
綿とポリエステルの混紡でほどよい落ち感。ポリウレタン入りでストレッチ性があり、動きやすさが魅力。

● p4で使用
**ウールカルゼ**
ウールにアンゴラ、シルクが入り、厚いけれどしなやか。斜めのうねが特徴のカルゼ織りがシンプルなデザインに生きる。

● p8で使用
**ウールファンシーツイード**
ネップ（糸の凸凹）の多い太い糸を織り上げた装飾性の高いツイード。ほつれやすいので、裏つき仕立てに向いている。

● p10で使用
**ウールメルトン**
目が詰まって暖かく、しっとりとなめらかな手ざわりで、コート地の定番といえる。縫いやすく、オールマイティ。

● p14で使用
**ウールハリスツイード**
粗めの織模様が特徴のウール素材。なかでも、イギリスのハリス島生産のものはブランドとして、近年人気。ウール100％。

● p17で使用
**ウールループツイード**
リング状になった糸が特徴的なツイード生地。シルクやナイロンとの混紡で、ウール100％より軽く、しなやか。

● p20で使用
**厚手ウールシャギー**
毛足が長く、保温性と高級感がある。毛並みがあるので、上から下への毛の流れに合わせて一方向に裁つのが原則。

● p22で使用
**コットンストレッチ**
ベーシックな中肉コットンに、ストレッチが効いている。シンプルで着やすく、春秋のコートにはうってつけの素材。

● p24で使用
**厚手ウール**
杢調が味を出しているウール100％の生地。ややハードで、しっかりとシルエットを出したいデザインに最適。

● p26で使用
**圧縮ウールニット**
織り地ではなく、編み地のウールを圧縮加工。あまり伸びないので、形を保ちたいコートにもおすすめ。保温性、着心地は抜群。

● p28で使用
**アルパカ入り厚手ウール**
さまざまな糸を大きな千鳥格子に織り上げたおしゃれな生地。アルパカ入りでやわらかく、ハードな印象のわりに軽い。

● p29で使用
**カシミヤ入り厚手ウール**
高級素材カシミヤが混紡され、ふんわりやわらかく、手ざわりがなめらか。やや光沢も出て高級感が漂う。

### リバーシブル仕立て

● p13で使用
**リバーシブルウール**

● p18で使用
**リバーシブルウール**
ダブルフェイスともいわれる両面表地で、これで仕立てればリバーシブルで着用可能。生地端は、2枚を少しはがして折り込んで処理する。手仕事が多くなるが、難しくはない。

# 水通し 地直し

**家庭で洗うなら…**
一重仕立てのもので、おうちで洗濯する予定なら、生地の状態で一度洗っておくと安心。形を整えて干し、乾いたら、ゆがみを整えながらアイロンをかけ、それから裁断します。

**ウール素材は…**
ウールは基本的に水通しの必要はなし。生地の裏からスチームアイロンをていねいにかけ、ゆがみを整えればOKです。
ただし、アイロンの温度やスチームで状態が変化する素材もあるので、生地の隅で試して調節してから全体にかけましょう。

# 裏地選び

**裏地の役割は…**
保温効果がアップし、すべりがよくなって脱ぎ着がスムーズに。コート自体の型崩れ、傷みも防ぎます。また、表地の裏が隠れるので、縫い代の始末をしなくてよいという仕立て上のメリットも。

**素材は…**
キュプラやポリエステルが一般的ですが、綿、ポリエステルの柄物も見えないおしゃれになって素敵。ただ、袖だけはすべりのよい素材にしておくと、快適な着心地です。

  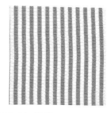 

**キュプラ**
光沢があってしなやか。すべりがよいので着心地もよい。形状が定まりにくく、慣れないと裁断、縫製がしにくい。

**ポリエステル**
しなやかさではキュプラに劣るが、そのぶん裁断や縫製時の扱いはラク。価格もキュプラよりは安価。

**ストライプ**
裏地を柄にするのもおしゃれ。薄手ですべりのよい綿や、綿ポリエステルの生地などがおすすめ。

**地紋入り**
コートの裏地には、織り模様が入ったものもある。派手ではないおしゃれ感がほしいときにはおすすめ。

# 接着芯

**役割は…**
コートづくりでは、接着芯をたくさんはりますが、それはシルエットを美しく形作るため。厚地、薄地にかかわらず、はっておくと見違えるほど仕立て映えします。また、着るときに力がかかる場所や傷みやすい部分には、補強としてはります。

**選び方…**
コートにおすすめの接着芯は2タイプあり、仕上がりの好みで選んでかまいません。どちらを使うにしても、はる前にテストすると安心です。表地と接着芯をそれぞれ10cm角にカットしてはってみます。芯が縮まないか、硬さや風合いはどうかなど、相性が確認できます。

**はり方は…**
裁断した生地の上に接着芯を置き、ハトロン紙をのせて、上からアイロンで10秒ほど押し当てて接着します。アイロンは決してすべらせず、置くようにしながら全体をすき間なく。はり終えたらしばらく動かさずに定着させます。接着芯ののりがしみ出してアイロンにつかないよう、ハトロン紙などの薄い紙をはさむのを忘れずに。

**織り地タイプ**
ガーゼのような見た目で縦糸横糸で織ってある。これも薄手のものを選んで。張りを出したいときはこちらを。

**ニットタイプ**
編地で伸縮性があるので、生地の風合いを生かすソフトな仕上がり。薄手のものを1種用意しておくと万能。

# テープ類

**伸び止めテープ**
前端や衿回りの輪郭を美しく出したり、ポケット口の伸びを防ぐためにはる。種類がさまざまあるが、やわらかくてカーブにも対応するニットタイプのものをひとつ持っておくとよい。

**両面接着テープ**
こちらは接着が目的の両面テープ。アイロンで簡単に接着できる。厚手のウールは、まち針だとずれてしまうこともあるので、これで仮どめすると便利。

# 型紙作り

実物大型紙は別の紙に写し、縫い代込みの型紙を作ります。

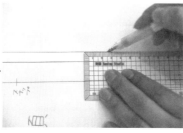

**2 縫い代をつける**
写し終わったら、指定の縫い代をつける。方眼状の定規を使い、指定の縫い代を加えて線を引く。これに沿って裁断すれば、縫い代込みの型紙が完成。

**1 写す**
型紙の上にハトロン紙（ざらついている面を表にする）などの下が透ける紙を置き、使うサイズの線を写し取る。カーブは定規を細かくずらしながら。型紙に入っている文字や合印もすべて写す。

### 縫うときは…
生地には出来上がり線は書きません。縫うときは、ミシンのメモリの数字に縫い代を合わせて縫うか、ステッチ定規（写真はマグネット式）を使って。縫い代の位置に設定し、ここに生地端を当てるように進めるだけで、一定の縫い代で縫えて便利です。

---

# 裁ち方

縫う前の大事な工程です。ここをていねいにやっておくと、縫うときにとてもスムーズです。

### 毛並みのある生地は…

**なで毛**
下になぞるとツルツルする。ウールのシャギーやモッサなどは、上から下へ毛が流れるような方向で裁断する。

**さか毛**
上になぞるとツルツルする。コーデュロイやベルベットは、毛の流れが型紙の下から上へ流れるようにさか毛で裁断する。

### 柄合わせの必要な生地は…

生地を二つ折りにし、上下の柄を合わせてまち針でところどころとめてずれないようにします。
身頃と袖の柄合わせは、まず、身頃の型紙に柄（チェックの場合は目立つ色の線など）を書き写します。次に柄を合わせたい場所を決めて、洋服の仕上がりを想定して袖の型紙を置き、ここにも柄を書き、その柄が合うように生地を配置して裁断します。

**1 配置する**
作り方ページの「生地の裁ち方」を参考に型紙を生地に配置。ここで生地が足りるかどうか必ず確認を。毛並みのある生地や柄合わせが必要な生地は、一方向で裁断するので、指定の用尺よりも多めに用意を。中表にたたんで裁断すると、2枚重ねたまま両方に接着芯がはれる。

**2 切る**
裁ちばさみの場合は、型紙を右側にして切ると正確なサイズでカットしやすい。はさみは持ち上げず、下のテーブルにつけたまま切り進めるのがコツ。

### ロータリーカッターを使うときは…

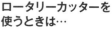

下にカッティングマットを敷いて切ります。小さめのサイズのカッターのほうが、カーブにも沿いやすく、きれいにカットできます。裏地はずれやすいので、ロータリーカッターがおすすめ。

### 縫うまでは…

型紙と生地を重ねたままざっくりとたたみます。このままかごなどに入れておいても。生地は縫う直前まで2枚合わせのままにしておくのがおすすめです。パーツがバラバラにならないので取り違えも防げるし、生地端もほつれにくくなります。

# 印つけ

型紙にある合印やポケット位置などの印は、すべて生地に写します。

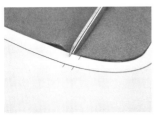

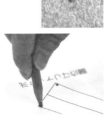

**ノッチ**
合印の印つけには、はさみで3〜5mmの切り込みを入れる「ノッチ」でOK。パーツを裁断した直後に入れるようにすると、入れ忘れがない。

**点印**
ポケットつけ位置の印は生地のおもてにつけるので、ポケットでぎりぎり隠れる位置に点で入れる。まず、型紙にポンチや目打ちで穴をあけて。

穴に目立つ色の色鉛筆を押しつけるようにして、印をつける。

カーブ同士の縫い合わせなど複雑な縫い線（たとえばp26のEタイプのコート）にも、点印をつけておくと縫う位置がわかりやすい。

**つけにくい生地には…**
目立つ色のしつけ糸を使って、切りじつけをするのがおすすめです。

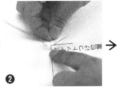

❶ しつけ糸を2本どりにし、玉結びを作らないまま、印をつけたい位置で2枚の生地を一緒に5mmほどすくう。

❷ 針で十字を描くように、もう一度すくう。

❸ 糸を引きすぎず、ゆるく残したままカットする。

❹ 型紙の上の輪になった糸をカット。

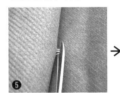
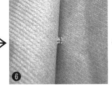

❺ 上の生地だけめくって渡った糸の真ん中をカット。

❻ 糸が残り、これが印になる。

❼ 型紙をはずすと、上の生地にも印が残る。

❽ 糸が抜けないように短くカットし、上から一度押さえる。

---

## アイロンがけ

アイロンをこまめにかけながら縫っていくと、仕上がりがきれいになります。生地の素材に適した温度でかけることが大切で、特にウールはスチームを効かせ、すぐに熱と湿気をとばすとピシッとかかります。毛並みのあるウールや跡がつきやすい生地は、忘れずに当て布を。ハンカチや薄手のコットンの端切れで十分です。

**まんじゅうの使い方**
カーブや立体的な部分をかけるときに、活躍する「まんじゅう」。各種そろえなくても、細い袖まんじゅうを1本持っていれば、袖の縫い代割りにも重宝する。なければ、めん棒にウールの生地を巻いたものでも代用可。

## ミシンの針と糸

本書ではすべて60番のミシン糸、11番のミシン針で縫っています。ステッチだけ30番の糸を使ってもいいでしょう。その場合は針も太いものにします。
まつり縫いなどの手縫いは60番のミシン糸で代用できますが、縫う距離が長い場合は手縫い専用の糸のほうがよじれず縫いやすいです。ボタンホールを手で穴かがりする場合は、絹穴糸を使います。

ミシン糸60番
ミシン針11番

ミシン糸30番
ミシン針14番

手縫い糸　絹穴糸

## ○サイズと出来上がり寸法について

**参考ヌードサイズ表**
洋服を着ない状態でのサイズ(cm)

|   | バスト | 背丈 | 袖丈 |
|---|---|---|---|
| S | 78 | 37 | 50.5 |
| M | 83 | 38 | 53 |
| L | 87 | 39 | 53.5 |
| LL | 90 | 40 | 55 |

モデルの身長は164cm、Mサイズを着用しています。

**作品の出来上がり寸法**
各作品の作り方ページに記載しています。
サイズ選びとサイズ調節の参考にしてください。

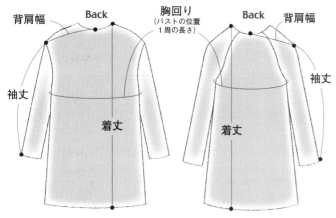

袖ぐりが肩よりも落ちているタイプ（ドロップショルダー）の作品は、袖丈だけの寸法を見ると短く感じます。着用時の袖の長さを知りたいときは、背肩幅と袖丈を足した寸法で確認しましょう。

## ○型紙作りについて

**型紙のアレンジ**

作品はA～Eまで5タイプあり、A-1、B-1、C-1、D-1、E-1は基本型で、型紙はそのまま使います。A～Eの2～4の多くは基本型をアレンジしたデザインですから、型紙もアレンジして使います。各作品の作り方ページに「型紙のアレンジ」を記載しているので、指示通りに型紙を作ってから裁断に進んでください。

| 作品タイプ | 型紙アレンジ |
|---|---|
| A-1 | アレンジなし |
| A-2、A-3、A-4 | アレンジあり |
| B-1 | アレンジなし |
| B-2、B-3 | アレンジあり |
| C-1、C-4 | アレンジなし |
| C-2、C-3 | アレンジあり |
| D-1 | アレンジなし |
| D-2、D-3、D-4 | アレンジあり |
| E-1、E-2 | アレンジなし |
| E-3 | アレンジあり |

**見返しと裏身頃の型紙の作り方**

A～Eの身頃の型紙に見返し線が入っています。「見返しも含む」「裏身頃も含む」と表示のある場合は、見返し線を境として、見返しと裏身頃に分けて写します。

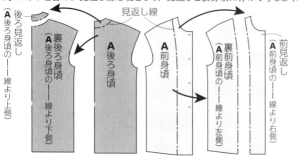

## p.6

# A-2 ドロップショルダー 裏なし＆切りっぱなし

使用型紙 あ面（A）、い面（★パッチポケット）

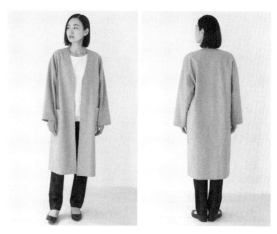

**出来上がり寸法**(cm)

|   | S | M | L | LL |
|---|---|---|---|---|
| 胸回り | 104.5 | 112 | 116.5 | 121.5 |
| 背肩幅 | 28.5 | 30 | 31.5 | 32.5 |
| 着丈 | 102.5 | 104.5 | 107.5 | 109 |
| 袖丈 | 45.5 | 47 | 48 | 49.5 |

**材料**
<生地>
○表地　圧縮ウール 150cm 幅
　S1m70cm　M1m80cm　L1m90cm　LL2m40cm
<副資材>
○接着芯　20cm幅 20cm

**作り方のポイント**
○縫い代をつける部分とつけない部分があります。
○生地の切り口がおもてに出るので、切り口がほつれないものを選び、ていねいに裁断しましょう。

**作り方順序**
（Aの型紙をアレンジし、裁ち方図を参考に裁断）
1　前身頃と後ろ身頃の肩線を重ねて縫う（右図1）
2　見返しの後ろ中心線を縫ってつなぎ、身頃と重ねて縫う（右図2）
3　袖の袖山と身頃の袖ぐりを重ねて縫う（右図3）
4　袖下・脇線を続けて縫う（右図4）
5　ポケットを作り、身頃につける（右図5）

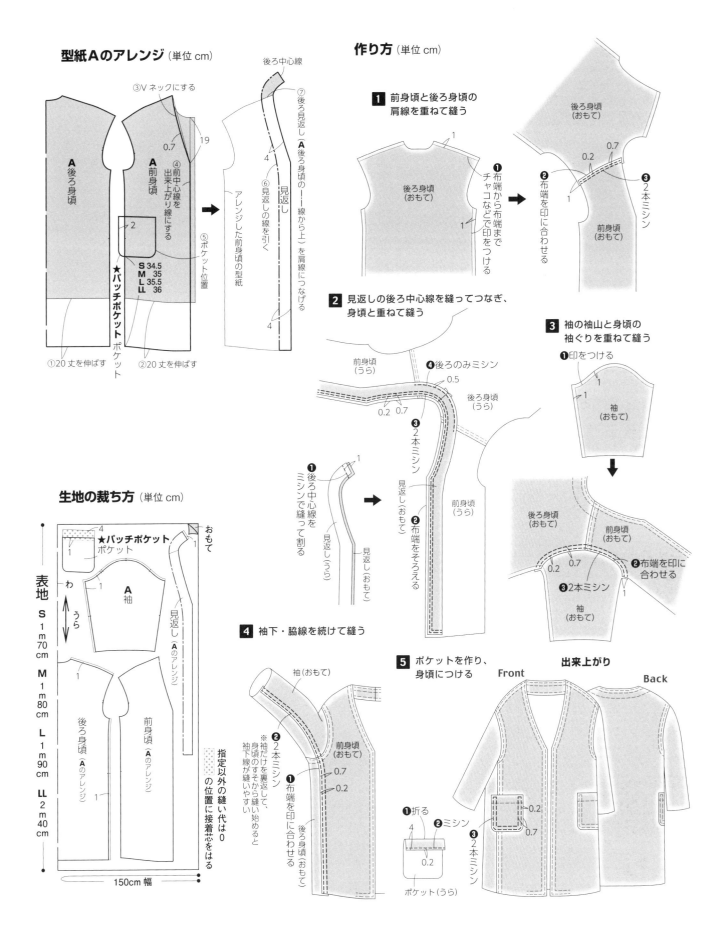

# p.4
## A-1 基本のドロップショルダーコート

使用型紙 **あ面（A）、い面（★パッチポケット）**

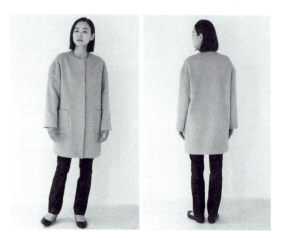

### 出来上がり寸法（cm）

|   | S | M | L | LL |
|---|---|---|---|---|
| 胸回り | 104.5 | 112 | 116.5 | 121.5 |
| 背肩幅 | 28.5 | 30 | 31.5 | 32.5 |
| 着丈 | 82.5 | 84.5 | 87 | 89 |
| 袖丈 | 45.5 | 47 | 48 | 49.5 |

### 材料
**＜生地＞**
○表地　ウールカルゼ 145cm幅
　S1m80cm　M1m80cm　L2m　LL2m30cm
○裏地　110cm幅
　S1m60cm　M1m60cm　L2m　LL2m10cm
**＜副資材＞**
○接着芯　90cm幅 2m60cm
○伸び止めテープ　9mm幅
○スナップボタン　25mm 4組

### 作り方のポイント
○ポケットは脇線に沿ってつけるため、表身頃の脇線を縫い合わせてから
　パッチポケットを縫いつけます。

### 作り方順序
（裁ち方図を参考に裁断。表地の裏に接着芯をはっておく）

**＜表身頃を作る＞**
1 前身頃に伸び止めテープをはる（右図 **1**）
2 表身頃を作る（p31-**3**）
3 表袖を作り、表身頃につける（p31-**5**）
4 パッチポケットを作る（p36）
5 前身頃にパッチポケットをつける（右図 **5**）

**＜裏身頃を作る＞**
6 裏身頃を作る（p32-**6**）
7 裏袖を作り、裏身頃につける（p32-**8**）

**＜表身頃と裏身頃の合体＞**
8 表身頃と裏身頃を縫い合わせる（右図 **8**）
9 肩線の中とじ（p34-**12**）
10 袖口を縫って袖の中とじ（p34-**13**）
11 すそを縫ってすその中とじ（p34-**14**）
12 脇の中とじ（p34-**15**）
13 どんでん返し（p35-**16**）

**＜仕上げ＞**
14 すその仕上げ（p35-**17**）
15 スナップボタンをつける（右図 **15**）

### 生地の裁ち方（単位 cm）

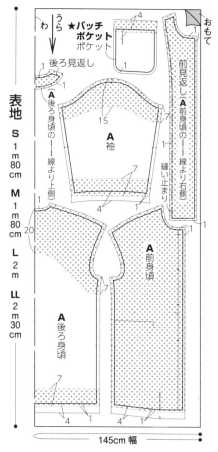

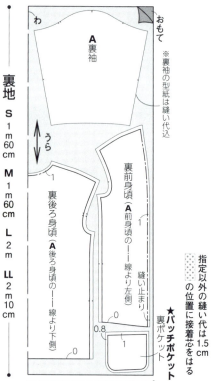

## 作り方 (単位 cm)

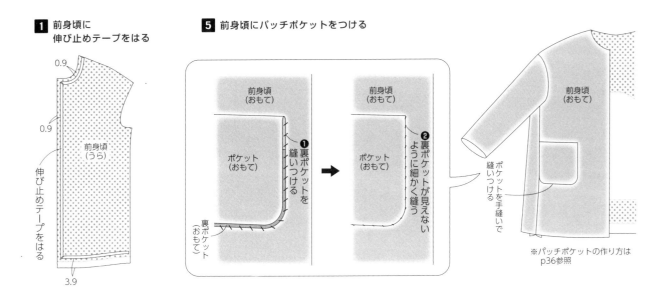

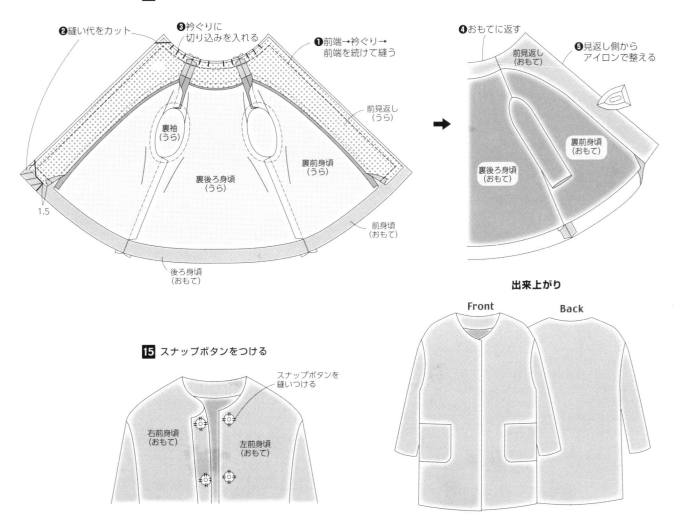

# A-3 ドロップショルダー 裏なし&ロング

p.7

使用型紙 あ面（A）、い面（♣玉縁ポケット）

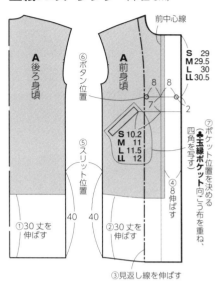

型紙Aのアレンジ（単位cm）

## 出来上がり寸法（cm）

| | S | M | L | LL |
|---|---|---|---|---|
| 胸回り | 104.5 | 112 | 116.5 | 121.5 |
| 背肩幅 | 28.5 | 30 | 31.5 | 32.5 |
| 着丈 | 112.5 | 114.5 | 117 | 119 |
| 袖丈 | 45.5 | 47 | 48 | 49.5 |

## 材料

**＜生地＞**
- 表地　薄手ウール 150cm 幅
  S 2m50cm　M 2m60cm　L 3m10cm　LL 3m20cm

**＜副資材＞**
- 接着芯　90cm 幅 1m30cm
- バイアステープ（縁どりタイプ）8mm 幅
  S 12m60cm　M 13m20cm　L 13m60cm　LL 13m90cm
- ボタン　25mm 1個
- 裏ボタン　25mm 1個

## 作り方のポイント

- 縫い代のパイピング始末は、ロックミシン（ジグザグミシン）に変更できます。
- 袖口とすそは手縫いでとめていますが、ミシンステッチに変更できます。

## 作り方順序

（Aの型紙をアレンジし、裁ち方図を参考に裁断。表地の裏に接着芯をはっておく）

**＜表身頃を作る＞**
1. 見返しの肩線を縫う（右図 **1**）
2. 布端をパイピング始末する（右図 **2**）
3. 前身頃に玉縁ポケットを作る（p38）
4. 前身頃と後ろ身頃の肩線・脇線を縫い合わせる（右図 **4**）
5. 身頃に見返しをつけ、すそを縫う（右図 **5**）
6. 袖下線を縫い、袖口を縫う（右図 **6**）
7. 身頃に袖をつける（右図 **7**）
8. ボタン穴を作り、ボタンをつける（右図 **8**）

生地の裁ち方（単位cm）

パイピング始末の仕方

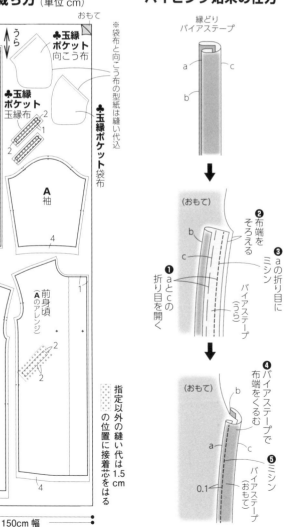

作り方(単位 cm)

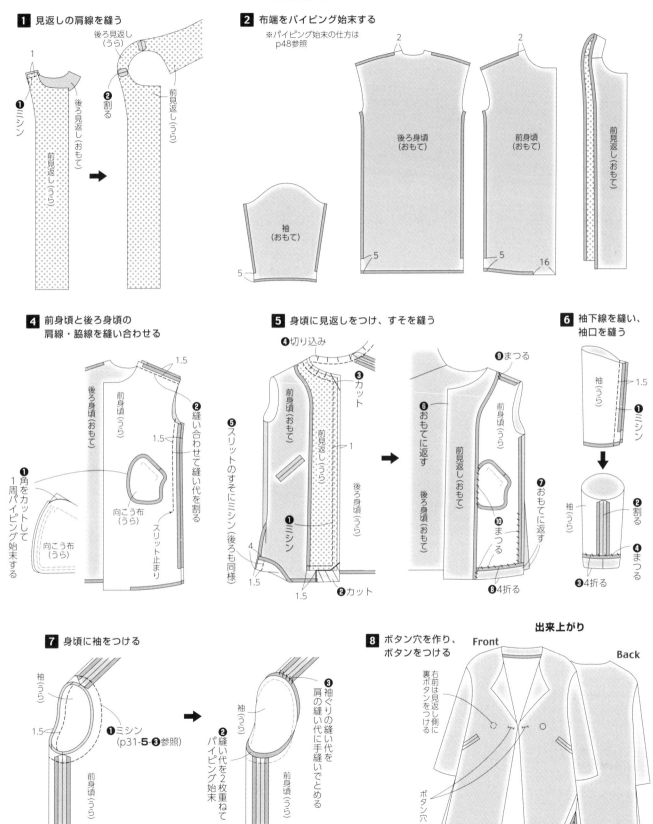

# A-4 ドロップショルダーフード&ショート

p.8

使用型紙 あ面（A）、い面（♥シームポケット）

## 出来上がり寸法（cm）

| | S | M | L | LL |
|---|---|---|---|---|
| 胸回り | 104.5 | 112 | 116.5 | 121.5 |
| 背肩幅 | 28.5 | 30 | 31.5 | 32.5 |
| 着丈 | 72.5 | 74.5 | 77 | 79 |
| 袖丈 | 45.5 | 47 | 48 | 49.5 |

## 材料

**〈生地〉**
- 表地　ウールファンシーツイード 150cm幅
  S2m40cm　M2m60cm　L2m70cm　LL2m80cm
- 裏地 122cm幅
  S1m60cm　M1m60cm　L1m90cm　LL2m

**〈副資材〉**
- 接着芯　90cm幅 3m50cm
- 伸び止めテープ　9mm幅
- トグルボタン　1セット

## 作り方のポイント

- 前身頃とフードがつながったデザインです。裁断したらすぐに＊印の位置に印をつけておきましょう。
- トグルボタンをボタンにかえたり、留め具なしにもできます。

## 作り方順序

（Aの型紙をアレンジし、裁ち方図を参考に裁断。表地の裏に接着芯をはっておく）

**〈表身頃を作る〉**
1. 前身頃に伸び止めテープをはる（右図**1**）
2. 表身頃の肩線を縫う（右図**2**）
3. フードの後ろ中心線を縫い、後ろ衿ぐりを縫う（右図**3**）
4. 脇線を縫いながらシームポケットを作る（p37）
5. 表袖を作り、表身頃につける（p31-**5**）

**〈裏身頃を作る〉**
6. 前見返しと裏前身頃を縫い合わせる（p32-**6**-**2**）
7. 裏身頃の肩線と脇線を縫う（右図**7**）
8. 裏フードの後ろ中心線を縫い、後ろ衿ぐりを縫う（右図**8**）
9. 裏袖を作り、裏身頃につける（p32-**8**）

**〈表身頃と裏身頃の合体〉**
10. 表身頃と裏身頃を縫い合わせる（右図**10**）
11. フードと後ろ衿ぐりの中とじ（右図**11**）
12. 肩線の中とじ（p34-**12**）
13. 袖口を縫って袖の中とじ（p34-**13**）
14. すそを縫ってすその中とじ（p34-**14**）
15. 脇の中とじ（p34-**15**）
16. どんでん返し（p35-**16**）

**〈仕上げ〉**
17. すその仕上げ（p35-**17**）
18. トグルボタンをつける（右図**18**）

## 型紙Aのアレンジ（単位cm）

① 10丈を短くする
② 10丈を短くする
③ ポケット口 16
④ 4伸ばす
⑤ Aフードと A前身頃の型紙を衿ぐり線でつなげて1枚の型紙にする
⑥ 縫い止まり

A 後ろ身頃
A 前身頃
A フード
前中心線

## 生地の裁ち方（単位cm）

ポケット吊り布（型紙なし）
♥シームポケット 前袋布
約25
A 裏袖
裏前身頃（Aのアレンジした A前身頃の線より左側）
裏後ろ身頃（Aのアレンジ・後ろ身頃と同じ）
縫い止まり

裏地
S 1m60cm
M 1m60cm
L 1m90cm
LL 2m

122cm幅

※裏袖・前袋布の型紙は縫い代込
指定以外の縫い代の位置に接着芯をはる
指定以外の縫い代は1.5cm

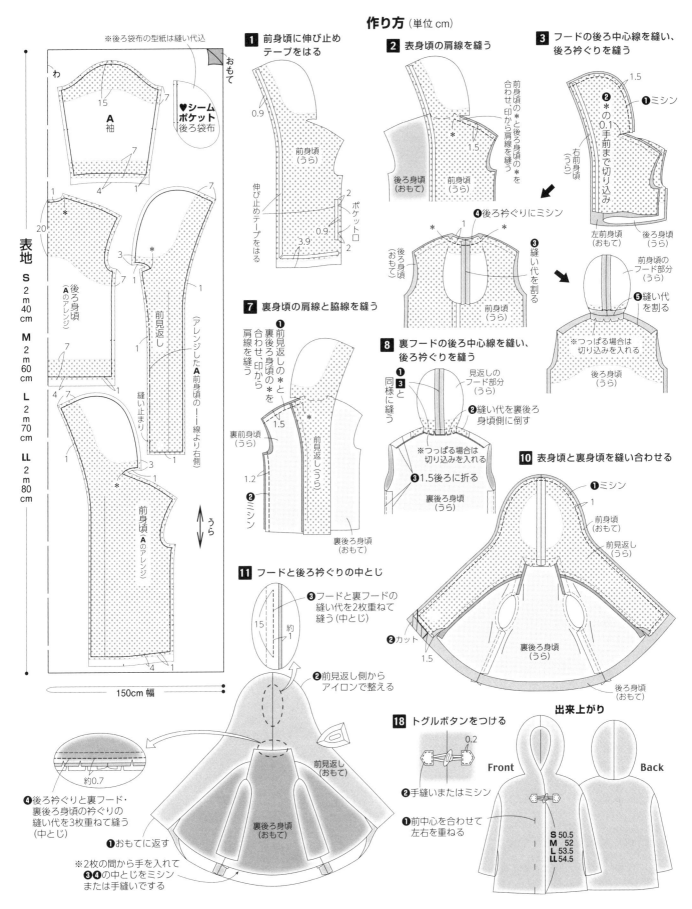

p.10

# B-1 基本の ラグランスリーブコート

使用型紙 い面（B、♠箱ポケット）

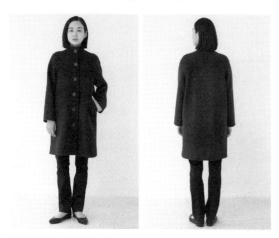

## 出来上がり寸法 (cm)

|  | S | M | L | LL |
|---|---|---|---|---|
| 胸回り | 96 | 102 | 107 | 111.5 |
| 背肩幅 | 18.5 | 19.5 | 20.5 | 21.5 |
| 着丈 | 86 | 88 | 90.5 | 93 |
| 袖丈 | 55 | 56.5 | 58 | 59.5 |

## 材料

<生地>
- 表地　ウールメルトン 150cm幅
  S 1m90cm　M 1m90cm　L 2m60cm　LL 2m70cm
- 裏地 122cm幅
  S 1m60cm　M 1m70cm　L 2m　LL 2m20cm

<副資材>
- 接着芯　90cm幅 2m70cm
- 伸び止めテープ　9mm幅
- ボタン　27mm 6個

## 作り方のポイント
○玉縁ボタン穴は服が仕上がってからでは作れないので、最初にボタンを決めて作り始めます。

## 作り方順序
（裁ち方図を参考に裁断。表地の裏に接着芯をはっておく）

<表身頃を作る>
1. 前身頃に箱ポケットを作る（p39）
2. 前身頃に伸び止めテープをはる（右図**2**）
3. 前身頃と表衿に玉縁ボタン穴を作る（右図**3**）
4. 表身頃の脇線を縫い、すその縫い代を折る（p31-**3**）
5. 表袖を作る（右図**5**）
6. 表身頃に表袖をつける（右図**6**）
7. 表身頃に表衿をつける（右図**7**）

<裏身頃を作る>
8. 前見返しと後ろ見返しを縫い合わせる（右図**8**）
9. 裏身頃を作る（右図**9**）
10. 裏袖を作り、裏身頃につける（右図**10**）
11. 裏身頃と見返しを縫い合わせる（右図**11**）

<表身頃と裏身頃の合体>
12. 表身頃と裏身頃を縫い合わせる（右図**12**）
13. 肩線の中とじ（p34-**12**）
14. 袖口を縫って袖の中とじ（p34-**13**）
15. すそを縫って裏身頃の中とじ（p34-**14**）
16. 脇の中とじ（p34-**15**）
17. どんでん返し（p35-**16**）

<仕上げ>
18. すその仕上げ（p35-**17**）
19. 玉縁ボタン穴を手縫いで仕上げ、ボタンをつける（右図**19**）

## 生地の裁ち方（単位 cm）

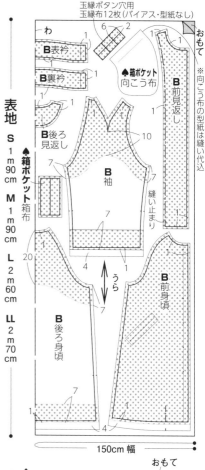

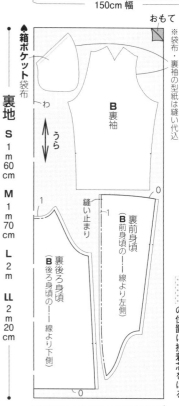

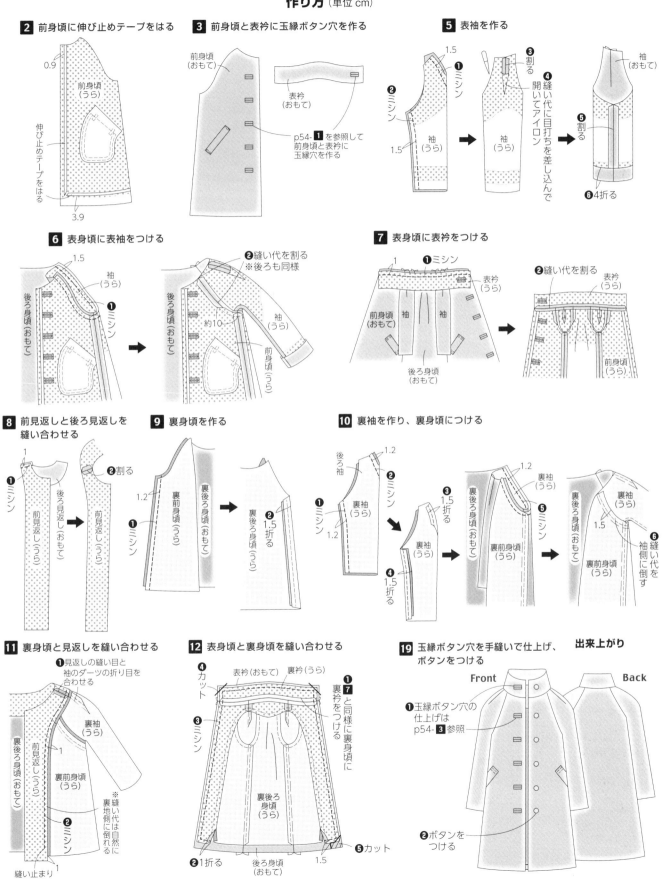

## 玉縁ボタン穴の作り方

### ボタン穴の位置と玉縁布の準備

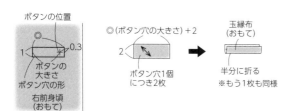

### 1 前身頃に玉縁穴を作る

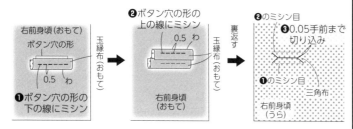

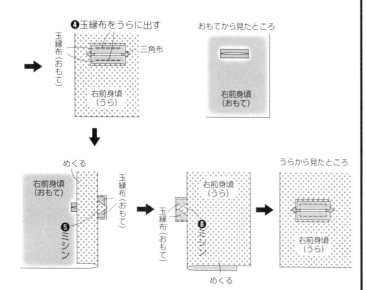

### 2 服を仕立てる

### 3 見返しに切り込みを入れて手縫い

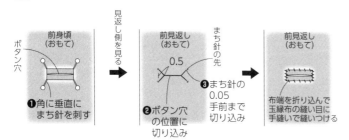

---

p.12

# B-2 ラグランスリーブ 裏なし&ラウンドカラー

使用型紙 い面（B、♣玉縁ポケット）

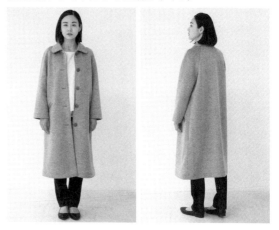

### 出来上がり寸法 (cm)

|  | S | M | L | LL |
|---|---|---|---|---|
| 胸回り | 96 | 102 | 107 | 111.5 |
| 背肩幅 | 18.5 | 19.5 | 20.5 | 21.5 |
| 着丈 | 106 | 108 | 110.5 | 113 |
| 袖丈 | 55 | 56.5 | 58 | 59.5 |

### 材料
<生地>
○表地　ポリエステルニットボンディング 130cm 幅
　S2m70cm　M2m80cm　L2m90cm　LL3m
<副資材>
○袋布用　薄手綿 50cm 幅 30cm
○バイアステープ（縁どりタイプ）8mm 幅
　S12m70cm　M13m　L13m50cm　LL13m80cm
○ボタン　27mm 5個

### 作り方のポイント
○厚みのあるボンディング素材なので、接着芯を使いません。一般的な生地を使う場合は、衿、見返し、ポケットつけ位置に接着芯をはります。

### 作り方順序
（Bの型紙をアレンジし、裁ち方図を参考に裁断）
1 前身頃に玉縁ポケットを作る (p38)
2 前見返しと後ろ見返しを縫い合わせる (p53-**8**)
3 布端をバイアステープでパイピング始末する (右図**3**)
4 身頃の脇線を縫い、すそと袖ぐりをパイピング始末する (右図**4**)
5 袖を作る (右図**5**)
6 袖を身頃につける (p53-**6**)
7 身頃に裏ラウンドカラーをつけ、見返しに表ラウンドカラーをつける (右図**7**)
8 身頃と見返しを縫い合わせる (p33-**9**)
9 衿ぐりの中とじ (p33-**11**)
10 すそ・前端・衿回りを縫い、見返しを縫い代に手縫いでとめる (右図**10**)
11 ボタン穴を作り、ボタンをつける (p35-**18**)

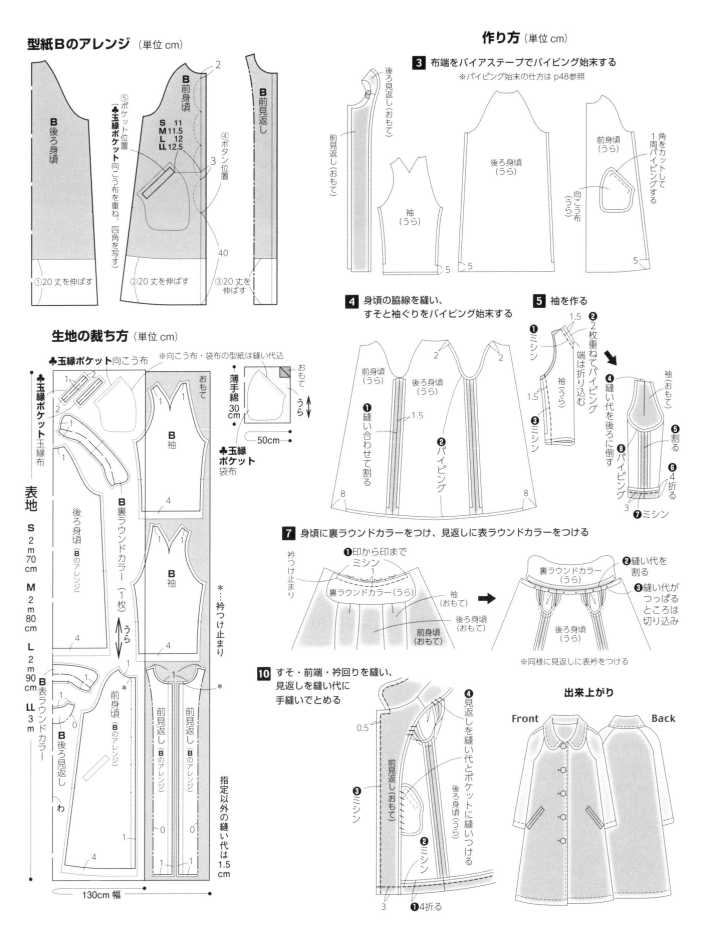

# C-3 テーラードカラーショート

p.17

使用型紙 あ面（C）、い面（♥シームポケット）

## 型紙Cのアレンジ（単位cm）

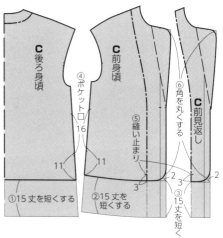

## 出来上がり寸法（cm）

| | S | M | L | LL |
|---|---|---|---|---|
| 胸回り | 105 | 112 | 118 | 123 |
| 背肩幅 | 28.5 | 30 | 31.5 | 33 |
| 着丈 | 67 | 69.5 | 71.5 | 74 |
| 袖丈 | 45.5 | 47 | 48 | 49.5 |

## 材料

〈生地〉
○表地　ウールループツイード 148cm幅
　S1m90cm　M1m90cm　L2m20cm　LL2m30cm
○裏地 134cm幅
　S1m30cm　M1m40cm　L1m50cm　LL1m60cm
〈副資材〉
○接着芯　90cm幅 2m30cm
○伸び止めテープ　9mm幅
○ボタン　30mm 1個

## 作り方のポイント

○身頃、衿、袖の作り方は p31〜35 の解説と同様に縫います。
　衿とすその角は丸く縫います。

## 作り方順序

（Cの型紙をアレンジし、裁ち方図を参考に裁断。表地の裏に接着芯をはっておく）

〈表身頃を作る〉
1　前身頃に伸び止めテープをはる（上図 **1**）
2　シームポケットを作り、脇線を縫う（p37）
3　表身頃を作る（p31-**3**）
4　裏衿をつける（p31-**4**）
5　表袖を作り、表身頃につける（p31-**5**）

〈裏身頃を作る〉
6　裏身頃を作る（p32-**6**）
7　表衿をつける（p32-**7**）
8　裏袖を作り、裏身頃につける（p32-**8**）

〈表身頃と裏身頃の合体〉
9　表身頃と裏身頃を縫い合わせる（p33-**9**）
10　おもてに返す（p33-**10**）
11　衿ぐりの中とじ（p33-**11**）
12　肩線の中とじ（p34-**12**）
13　袖口を縫って袖の中とじ（p34-**13**）
14　すそを縫ってすその中とじ（p34-**14**）
15　脇の中とじ（p34-**15**）
16　どんでん返し（p35-**16**）

〈仕上げ〉
17　仕上げ（p35-**17**）
18　ボタン穴を作り、ボタンをつける（p35-**18**）

## 作り方（単位cm）

**1** 前身頃に伸び止めテープをはる

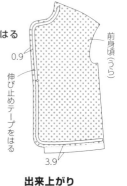

**出来上がり**
Front　Back

## 布の裁ち方（単位cm）

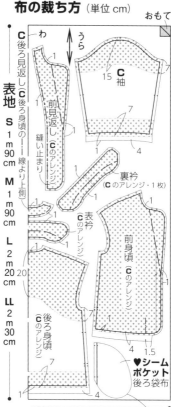
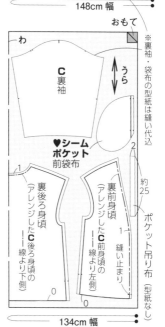

# B-3 ラグランスリーブ リバーシブル＆ロング

p.13

使用型紙 い面（B）

### 型紙Bのアレンジ（単位 cm）

### 生地の裁ち方（単位 cm）

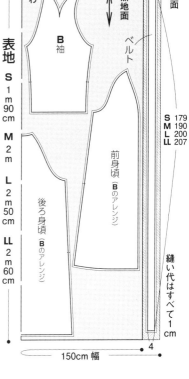

### 出来上がり寸法（cm）

|  | S | M | L | LL |
|---|---|---|---|---|
| 胸回り | 96 | 102 | 107 | 111.5 |
| 背肩幅 | 18.5 | 19.5 | 20.5 | 21.5 |
| 着丈 | 111 | 113 | 115.5 | 118 |
| 袖丈 | 55 | 56.5 | 58 | 59.5 |

### 材料
＜生地＞
○表地　リバーシブルウール 150cm幅
　S 1m90cm　M 2m　L 2m50cm　LL 2m60cm
＜副資材＞
○伸び止めテープ　9mm幅

### 作り方のポイント
○リバーシブル生地専用の作り方です。
○薄手のリバーシブル生地におすすめの縫い方です。

### 作り方順序
（Bの型紙をアレンジし、裁ち方図を参考に裁断）
1　各パーツの布端をはがす（右図 **1**）
2　袖のダーツを縫う（右図 **2**）
3　袖の袖下線を縫う（右図 **3**）
4　袖口を縫う（右図 **4**）
5　身頃の脇線を縫う（p58-**5**）
6　身頃と袖を縫い合わせる（p58-**6**）
7　衿ぐり・前端・すそを縫う（p58-**7**）
8　糸ループを作る（p58-**8**）
9　ベルトを作る
　（布端の処理は p63 ポケットと同様）

### 作り方（単位 cm）

**1** 各パーツの布端をはがす

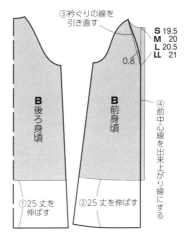

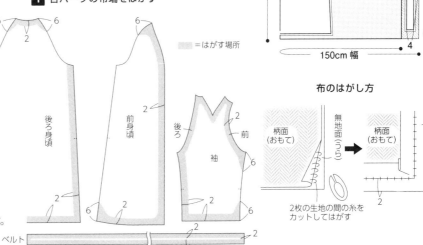

**2** 袖のダーツを縫う

**3** 袖の袖下線を縫う

**4** 袖口を縫う

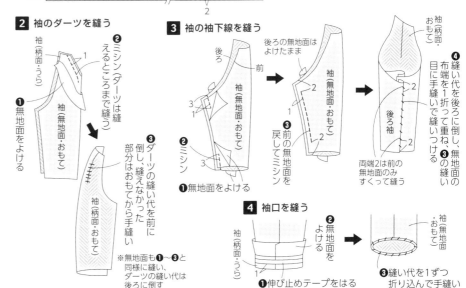

## p.16

# C-2 テーラードカラー 裏なし&ロング

使用型紙 あ面（C）、い面（♠箱ポケット）

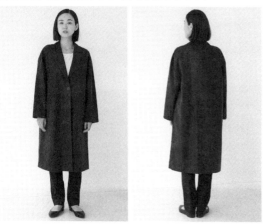

### 出来上がり寸法（cm）

|  | S | M | L | LL |
|---|---|---|---|---|
| 胸回り | 105 | 112 | 118 | 123 |
| 背肩幅 | 28.5 | 30 | 31.5 | 33 |
| 着丈 | 102 | 104.5 | 106.5 | 109 |
| 袖丈 | 45.5 | 47 | 48 | 49.5 |

### 材料

<生地>
○表地　ナイロンコットンピーチスキン 144cm 幅
　S2m60cm　M2m70cm　L2m80cm　LL2m90cm
<副資材>
○接着芯　90cm 幅 1m20cm
○ボタン　27mm 1個

### 作り方のポイント

○薄手の素材なので、ポケットの袋布は表地を使用しています。
○しっかりした生地なので、伸び止めテープをはらずに作っています。
○カジュアルな素材なので、縫い代をロックミシン（ジグザグミシン）で始末しています。

### 作り方順序

（Cの型紙をアレンジし、裁ち方図を参考に裁断。
表地の裏に接着芯をはっておく）
1. 前身頃に箱ポケットを作る（p39）
2. 身頃の肩線・脇線を縫う（右図 2 ）
3. 袖を作り、身頃につける（右図 3 ）
4. 身頃に裏衿をつける（p31-4）
5. 前見返しと後ろ見返しを縫い合わせる（右図 5 ）
6. 見返しに表衿をつける（p32-7）
7. 身頃と見返しを縫い合わせ、すそを縫う（右図 7 ）
8. 衿ぐりの中とじ（p33-11）
9. 返り線の奥にミシン（p35-17- ❷ ）
10. 見返しを縫い代に縫いとめる（右図 10 ）
11. ボタン穴を作り、ボタンをつける（p35-18）

---

### 5 身頃の脇線を縫う

### 6 身頃と袖を縫い合わせる

### 7 衿ぐり・前端・すそを縫う

※角の重ね方はp63のポケットと同様

出来上がり
Front　Back　ベルト

S 66
M 68
L 70
LL 72

### 8 糸ループを作る

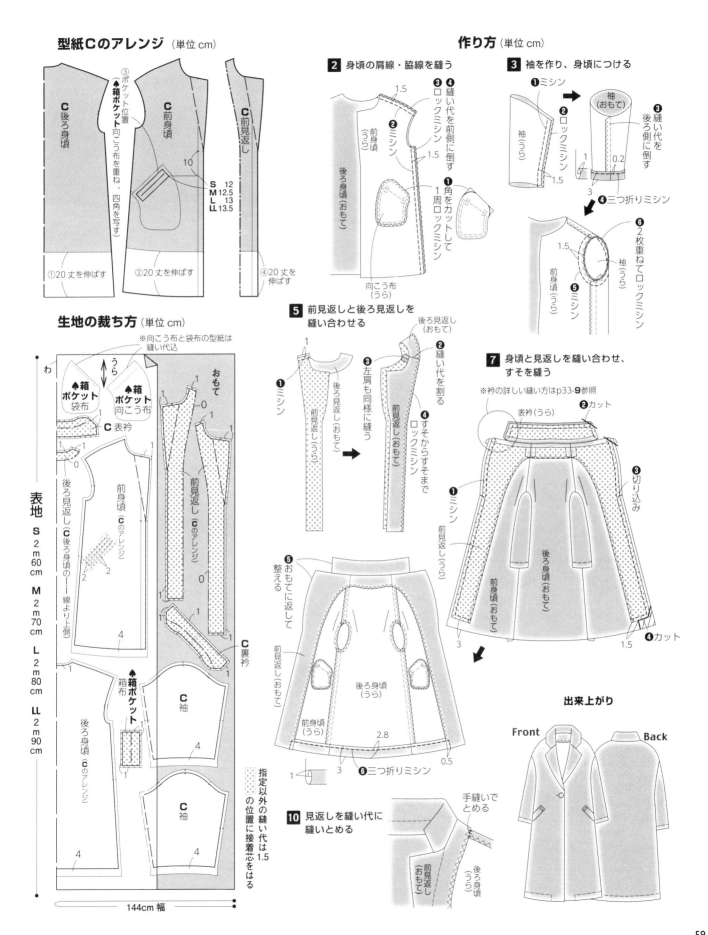

p.22

# D-2 セットインスリーブ トレンチタイプ

使用型紙 う面(D)、い面(♠箱ポケット)

### 型紙Dのアレンジ (単位cm)

※D前ヨークの型紙を重ねると、ボタン穴の位置が一致する

④ボタン位置
③5伸ばす
⑥ベルト通し位置
⑤ポケット位置(♠箱ポケット 向こう布を重ね、四角を写す)
①15丈を伸ばす
②15丈を伸ばす
⑦ベルト通し位置

D 後ろ身頃
D 前身頃
D 袖

S 10.7 / M 11 / L 11.3 / LL 11.6
S 13.5 / M 14 / L 14.5 / LL 15
S 10.2 / M 10.5 / L 10.8 / LL 11
S 43.8 / M 45 / L 46.2 / LL 47.3
S 14.5 / M 15.5 / L 16.2 / LL 16.9
5.5 5.5
6
7
2
3.5 / 4
2.5

### 出来上がり寸法 (cm)

|  | S | M | L | LL |
|---|---|---|---|---|
| 胸回り | 99.5 | 105 | 111 | 115 |
| 背肩幅 | 18.5 | 19.5 | 20.5 | 21 |
| 着丈 | 96 | 98 | 100 | 102.5 |
| 袖丈 | 56 | 57.5 | 59 | 60.5 |

### 材料

〈生地〉
○表地 コットンストレッチ 124cm幅
　S3m30cm M3m40cm L3m70cm LL3m90cm
○裏地 137cm幅
　S1m90cm M1m90cm L2m10cm LL2m20cm
〈副資材〉
○接着芯 90cm幅 3m40cm
○伸び止めテープ 9mm幅
○バックル 内径40mm1個、内径25mm2個
○ハトメリング 内径4mm9組
○ボタン 22mm8個、20mm2個
○裏ボタン 20mm1個

### 作り方のポイント

○後ろ身頃のベンツ部分は、左右の裁ち方が違います。
○衿は完成させてから、身頃と見返しの間にはさんで縫いつけます。

### 作り方順序

(Dの型紙をアレンジし、裁ち方図を参考に裁断。表地の裏に接着芯をはっておく)

〈表身頃を作る〉
1 前身頃に伸び止めテープをはる(右図❶)
2 前身頃に箱ポケットを作る(p39)
3 衿、肩章、ヨークを作る(右図❸)
4 後ろ中心線を縫い、ベンツを作る(右図❹)
5 表身頃の肩線と脇線を縫う(p31-❸)
6 ヨークと肩章を身頃につける(右図❻)
7 ベルト通しを作り、袖と身頃にベルト通しをつける(p62-❼)
8 表袖を作り、表身頃につける(p65-❺)

〈裏身頃を作る〉
9 裏後ろ身頃の後ろ中心線を縫う(p65-❻)
10 裏身頃を作る(p32-❻)
11 裏袖を作り、身頃につける(p65-❽)

〈表身頃と裏身頃の合体〉
12 身頃と見返しの間に衿をはさんで表身頃と裏身頃を縫い合わせる(p62-⓬)
13 肩線の中とじ(p34-⓬)
14 袖口を縫って袖の中とじ(p34-⓭)
15 すそを縫ってすその中とじ(p34-⓮)
16 脇の中とじ(p34-⓯)
17 どんでん返し(p35-⓰)

〈仕上げ〉
18 すその仕上げ(p35-⓱)
19 ベンツを手縫いする(p65-⓱)
20 ボタン穴を作り、ボタンをつける(p62-⓴)
21 ベルトと袖ベルトを作る(p62-㉑)

### 裏後ろ身頃の裁ち方

後ろ中心線
裏左後ろ身頃(うら)
裏右後ろ身頃(うら)
縫い止まり

### 生地の裁ち方 (単位cm)

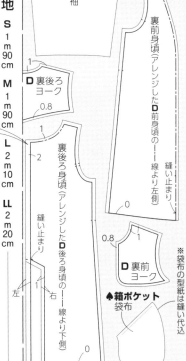

おもて
わ
裏地
S 1m90cm
M 1m90cm
L 2m10cm
LL 2m20cm
137cm幅
※裏袖の型紙は縫い代込
※袋布の型紙は縫い代込

D 裏袖
D 裏後ろヨーク
D 裏前ヨーク
D 裏前身頃(アレンジしたD前身頃の---線より左側)
裏後ろ身頃(アレンジしたD後ろ身頃の---線より下側)
うら
左 右
縫い止まり
♠箱ポケット 袋布

指定以外の縫い代は1.5cm

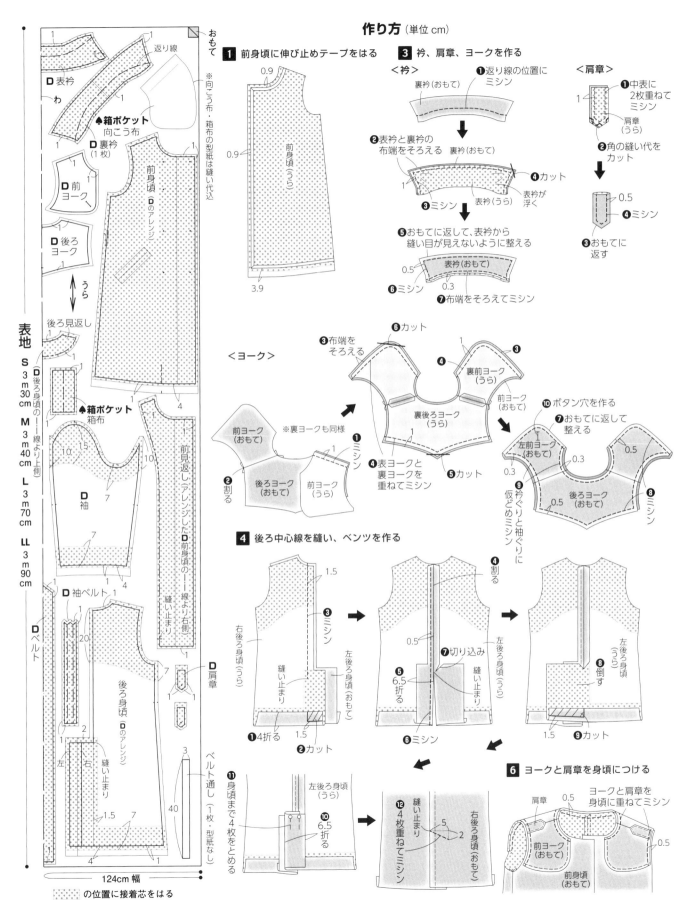

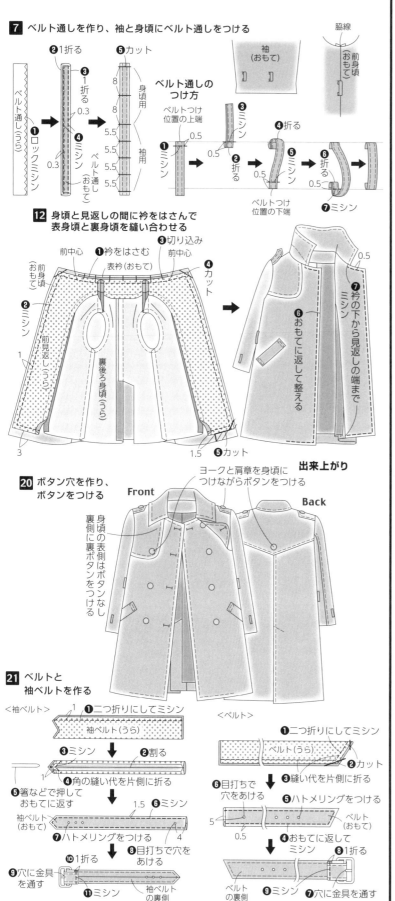

## p.18

# C-4 テーラードカラー リバーシブル

使用型紙 あ面（C）、い面（★パッチポケット）

### 出来上がり寸法 (cm)

|  | S | M | L | LL |
|---|---|---|---|---|
| 胸回り | 105 | 112 | 118 | 123 |
| 背肩幅 | 28.5 | 30 | 31.5 | 33 |
| 着丈 | 82 | 84.5 | 86.5 | 89 |
| 袖丈 | 45.5 | 47 | 48 | 49.5 |

### 材料

**＜生地＞**
○表地　リバーシブルウール 148cm 幅
　S1m50cm　M1m50cm　L1m90cm　LL2m

**＜副資材＞**
○ボタン　25mm1個

### 作り方のポイント

○リバーシブル生地専用の作り方です。
○厚手のリバーシブル生地におすすめの縫い方です。

### 作り方順序

（裁ち方図を参考に裁断）
1　各パーツの布端をはがす（右図**1**）
2　パッチポケットを作る（右図**2**）
3　パッチポケットをつける（p47-**5**）
4　前身頃と後ろ身頃の肩線を縫い合わせる（右図**4**）
5　身頃に袖をつける（右図**5**）
6　袖下線と脇線を続けて縫う（右図**6**）
7　袖口を縫う（p57-**4**）
8　身頃に衿をつけ、衿回り・前端・すそを縫う（右図**8**）
9　ボタン穴を作り、ボタンをつける（p35-**18**）

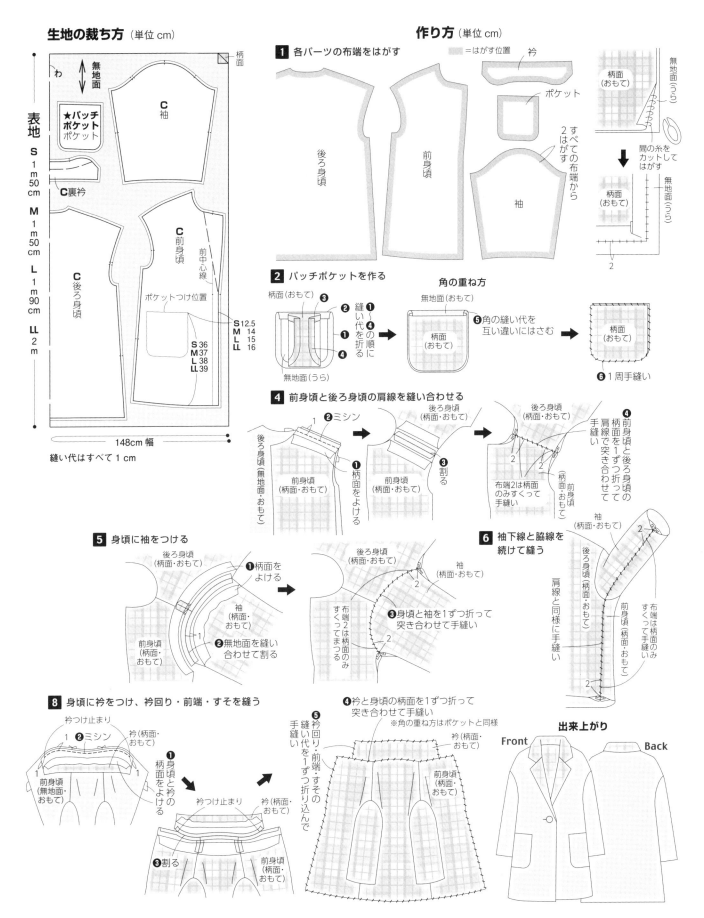

p.20

# D-1 基本のセットインスリーブコート

使用型紙 う面（D）、い面（♥シームポケット）

## 出来上がり寸法 (cm)

|  | S | M | L | LL |
|---|---|---|---|---|
| 胸回り | 99.5 | 105 | 111 | 115 |
| 背肩幅 | 18.5 | 19.5 | 20.5 | 21 |
| 着丈 | 81 | 83 | 85 | 87.5 |
| 袖丈 | 56 | 57.5 | 59 | 60.5 |

## 材料

<生地>
- 表地　厚手ウールシャギー 148cm幅
  S2m　M2m　L2m20cm　LL2m40cm
- 裏地 137cm幅
  S1m70cm　M1m80cm　L1m80cm　LL1m90cm

<副資材>
- 接着芯　90cm幅 2m50cm
- 伸び止めテープ　9mm幅
- スナップボタン　25mm 4組

## 作り方のポイント
- 後ろ身頃のベンツ部分は、左右の裁ち方が違います。
- 袖山が高い（急な曲線）ので、ぐし縫いをすると袖がつけやすくなります。

## 作り方順序
（裁ち方図を参考に裁断し、表地の裏に接着芯をはっておく）

<表身頃を作る>
1. 前身頃に伸び止めテープをはる（右図 **1**）
2. 後ろ身頃の後ろ中心線を縫い、ベンツを作る（右図 **2**）
3. 表身頃の肩線を縫う（p31-**3**）
4. 脇線を縫いながらシームポケットを作る（p37）
5. 表袖を作り、表身頃につける（右図 **5**）

<裏身頃を作る>
6. 裏後ろ身頃の後ろ中心線を縫う（右図 **6**）
7. 裏身頃を作る（p32-**6**）
8. 裏袖を作り、裏身頃につける（右図 **8**）

<表身頃と裏身頃の合体>
9. 表身頃と裏身頃を縫い合わせる（p47-**8**）
10. 肩線の中とじ（p34-**12**）
11. 袖口を縫って袖の中とじ（p34-**13**）
12. 表身頃と裏身頃のすそを縫い合わせる（右図 **12**）
13. すその中とじ（p34-**14**）
14. 脇の中とじ（p34-**15**）
15. どんでん返し（p35-**16**）

<仕上げ>
16. すその仕上げ（p35-**17**）
17. ベンツを手縫いする（右図 **17**）
18. スナップボタンをつける（右図 **18**）

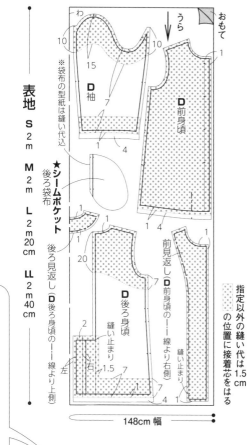

生地の裁ち方（単位 cm）

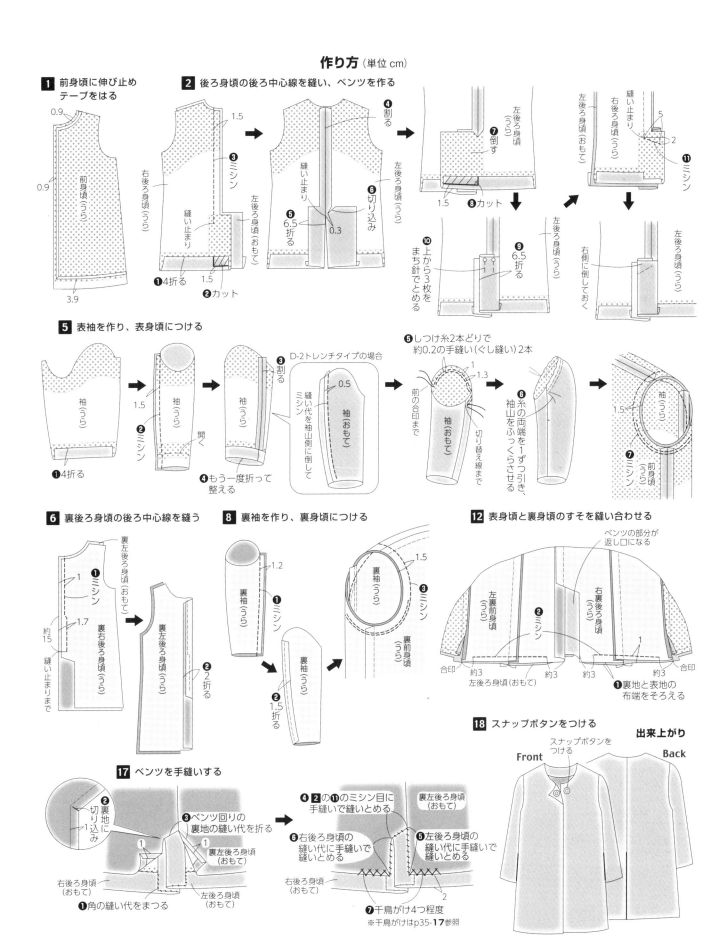

p.24

# D-4 セットインスリーブ ダッフルタイプ

使用型紙 う面（D）、い面（★パッチポケット）

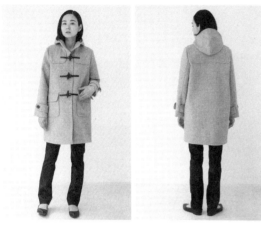

## 出来上がり寸法 (cm)

| | S | M | L | LL |
|---|---|---|---|---|
| 胸回り | 99.5 | 105 | 111 | 115 |
| 背肩幅 | 18.5 | 19.5 | 20.5 | 21 |
| 着丈 | 81 | 83 | 85 | 87.5 |
| 袖丈 | 56 | 57.5 | 59 | 60.5 |

## 材料

**<生地>**
- 表地　厚手ウール 150cm幅
  S2m30cm　M2m40cm　L2m50cm　LL2m90cm
- 裏地　137cm幅
  S1m60cm　M1m60cm　L1m70cm　LL1m80cm

**<副資材>**
- 接着芯　90cm幅 2m80cm
- 伸び止めテープ　9mm幅
- 革テープ　5mm幅
  S20.5cm6本　M22cm6本　L23cm6本　LL24cm6本
- トグルボタン　60mm3個
- ボタン　25mm3個

## 作り方のポイント
- 数枚の布が重なる部分は、アイロンでしっかり押さえてから縫うとミシンがかけやすくなります。
- ポケットが脇線に近いため、表身頃の脇線を縫い合わせてからパッチポケットを縫いつけます。

## 作り方順序
（Dの型紙をアレンジし、裁ち方図を参考に裁断。表地の裏に接着芯をはっておく）

**<表身頃を作る>**
1. 前身頃とフードに伸び止めテープをはる（右図 **1**）
2. 表身頃を作る（p.31-**3**）
3. パッチポケットを作り、前身頃につける（p.36）
4. 当て布とタブを作り、身頃と袖にそれぞれつける（右図 **4**）
5. 表袖を作り、表身頃につける（p.65-**5**）
6. 表フードを作り、表身頃につける（右図 **6**）

**<裏身頃を作る>**
7. 裏身頃を作る（p.32-**6**）
8. 裏袖を作る（p.65-**8**）
9. 裏フードを作り、裏身頃につける（右図 **9**）

**<表身頃と裏身頃の合体>**
10. 表身頃と裏身頃を縫い合わせる（右図 **10**）
11. 肩線の中とじ（p.34-**12**）
12. 袖口を縫って袖の中とじ（p.34-**13**）
13. すそを縫って袖の中とじ（p.34-**14**）
14. 脇の中とじ（p.34-**15**）
15. どんでん返し（p.35-**16**）

**<仕上げ>**
16. すその仕上げ（p.35-**17**）
17. ボタン穴を作り、ボタンをつける（右図 **17**）
18. トグルボタンと革テープをつける（右図 **18**）

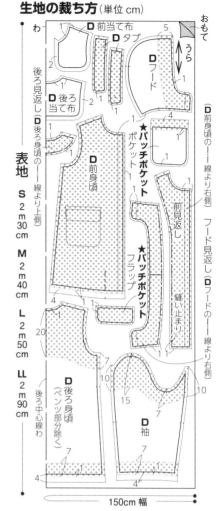

生地の裁ち方（単位 cm）

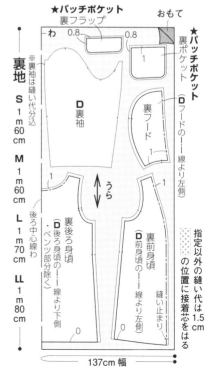

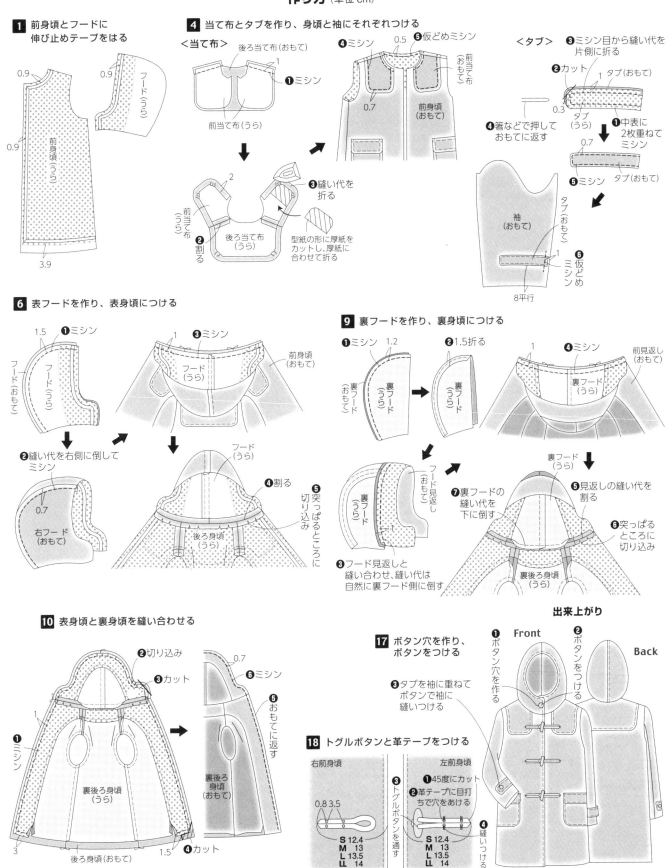

# E-1 基本のキモノスリーブコート (p.26)
# E-2 キモノスリーブオープンカラー (p.28)

使用型紙 え面（E）

### 出来上がり寸法 (cm)

|  | S | M | L | LL |
|---|---|---|---|---|
| 胸回り | 97 | 102.5 | 108 | 112 |
| 背肩幅 | 17.5 | 18.5 | 19.5 | 20.5 |
| 着丈 | 71 | 73 | 75 | 77 |
| 袖丈 | 56 | 58 | 59.5 | 61 |

### 材料
<生地>
- 表地 E-1 圧縮ウールニット　E-2 アルパカ入り厚手ウール
  150cm幅　S2m50cm M2m60cm L2m60cm LL2m70cm
- 裏地 134cm幅　S1m80cm M1m90cm L2m10cm LL2m20cm

<副資材>
- 接着芯　90cm幅 3m30cm
- 伸び止めテープ　9mm幅
- ボタン　E-1 27mm 4個　E-2 30mm 2個
- 裏ボタン　E-1 20mm 2個　E-2 20mm 1個

### 作り方のポイント
○型紙の*印付近は、細かく印をつけておく（p43「印つけ」参照）と縫いやすくなります。

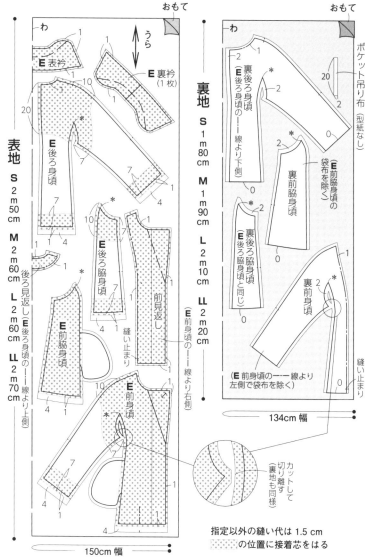

E-1・E-2共通
**生地の裁ち方**（単位cm）

指定以外の縫い代は1.5cm
の位置に接着芯をはる

### 作り方順序
（裁ち方図を参考に裁断。
　表地の裏に接着芯をはっておく）

<表身頃を作る>
1. 前身頃に伸び止めテープをはる（右図1）
2. 前身頃の切り替え線を縫い、ポケットを作る（右図2）
3. 後ろ身頃の切り替え線を縫う（右図3）
4. 表身頃の肩線・袖下線・脇線を縫い、脇の下を縫う（右図4）
5. 表身頃に裏衿をつける（p31-4）

<裏身頃を作る>
6. 前見返しと裏前身頃を縫い合わせる（p32-6-❷❸）
7. 裏後ろ身頃の後ろ中心線を縫う（右図7）
8. 裏後ろ身頃と後ろ見返しを縫い合わせる（p32-6-❶）
9. 裏身頃と裏脇身頃を縫い合わせる（右図9）
10. 裏身頃の肩線・袖下線・脇線を縫い、脇の下を縫う（右図10）
11. 裏身頃に表衿をつける（p32-7）

<表身頃と裏身頃の合体>
12. 表身頃と裏身頃を縫い合わせる（p33-9）
13. 肩線の中とじ（p34-12）
14. 袖口を縫って袖の中とじ（p34-13）
15. すそを縫ってすその中とじ（p34-14）
16. 脇の中とじ（p34-15）
17. どんでん返し（p35-16）

<仕上げ>
18. すその仕上げ（p35-17）
19. ボタン穴を作り、ボタンをつける（右図19）

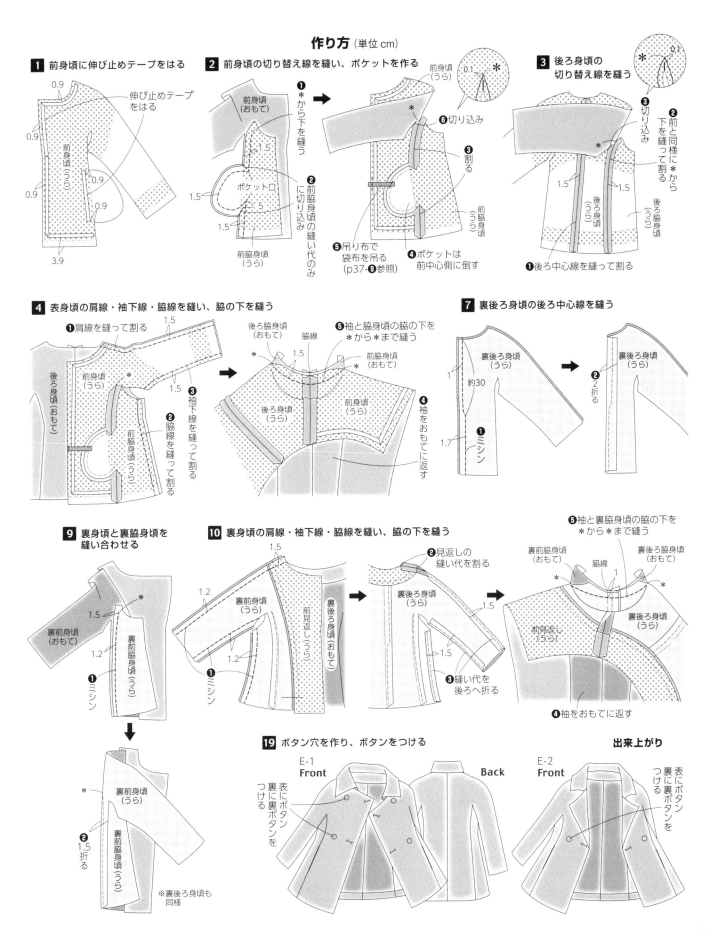

# E-3

**p.29** キモノスリーブ ノーカラー＆ロング

使用型紙　え面（E）

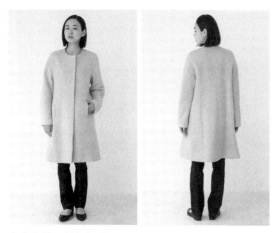

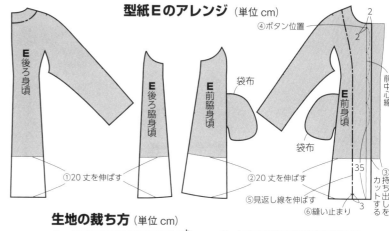

### 型紙Eのアレンジ（単位cm）

① 20 丈を伸ばす
② 20 丈を伸ばす
③ 持ち出しをカットする
④ ボタン位置
⑤ 見返し線を伸ばす
⑥ 縫い止まり

### 出来上がり寸法（cm）

|  | S | M | L | LL |
|---|---|---|---|---|
| 胸回り | 97 | 102.5 | 108 | 112 |
| 背肩幅 | 17.5 | 18.5 | 19.5 | 20.5 |
| 着丈 | 91 | 93 | 95 | 97 |
| 袖丈 | 56 | 58 | 59.5 | 61 |

### 材料

〈生地〉
○表地　カシミヤ入り厚手ウール 150cm幅
　S2m60cm　M2m70cm　L2m80cm　LL3m
○裏地 137cm幅
　S2m20cm　M2m20cm　L2m40cm　LL2m70cm

〈副資材〉
○接着芯　90cm幅 2m50cm
○伸び止めテープ　9mm幅
○ボタン　20mm5個

### 作り方のポイント

○略比翼仕立ては見返しにボタンホールを作ります。ボタンが見返しの中に隠れるので、平たいボタンを選びます。
○型紙の*印付近は、細かい印をつけておく（p43「印つけ」参照）と縫いやすくなります。

### 作り方順序

（Eの型紙をアレンジし、裁ち方図を参考に裁断。表地の裏に接着芯をはっておく）

〈表身頃を作る〉
1　前見返しにボタン穴を作る（右図①）
2　前身頃に伸び止めテープをはる（p69-①）
3　前身頃の切り替え線を縫い、ポケットを作る（p69-②）
4　後ろ身頃の切り替え線を縫う（p69-③）
5　表身頃の肩線・袖下線・脇線を縫い、脇の下を縫う（p69-④）

〈裏身頃を作る〉
6　前見返しと裏前身頃を縫い合わせる（p32-6-❷❸）
7　裏後ろ身頃の後ろ中心線を縫う（p69-⑦）
8　裏後ろ身頃と後ろ見返しを縫い合わせる（p32-6-❶）
9　裏身頃と裏脇身頃を縫い合わせる（p69-⑨）
10　裏身頃の肩線・袖下線・脇線を縫い、脇の下を縫う（p69-⑩）

〈表身頃と裏身頃の合体〉
11　表身頃と裏身頃を縫い合わせる（p33-9）
12　肩の中とじ（p34-12）
13　袖口を縫って袖の中とじ（p34-13）
14　すそを縫ってすその中とじ（p34-14）
15　脇の中とじ（p34-15）
16　どんでん返し（p35-16）

〈仕上げ〉
17　すその仕上げ（p35-17）
18　ボタンをつける（右図⑱）

### 生地の裁ち方（単位cm）

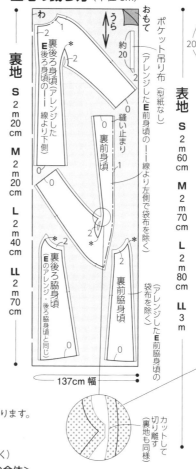

137cm幅

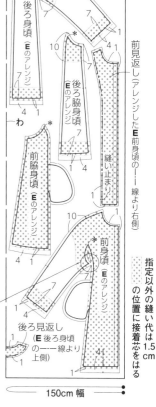

150cm幅

指定以外の縫い代は1.5cm

**1** 前見返しにボタン穴を作る

0.3 ボタンの位置
2.3 ボタン穴

**18** ボタンをつける

出来上がり
Front　　Back

p.23

# D-3 セットインスリーブ 裏なし&ロング

使用型紙 う面（D）、い面（♠箱ポケット）

## 出来上がり寸法（cm）

|  | S | M | L | LL |
|---|---|---|---|---|
| 胸回り | 99.5 | 105 | 111 | 115 |
| 背肩幅 | 18.5 | 19.5 | 20.5 | 21 |
| 着丈 | 96 | 98 | 100 | 102.5 |
| 袖丈 | 56 | 57.5 | 59 | 60.5 |

## 材料
<生地>
○表地　コットンポリエステルデニムストレッチ 120cm幅
　S2m90cm　M3m　L3m20cm　LL3m40cm
<副資材>
○接着芯　90cm幅 1m10cm
○ボタン　22mm 4個

## 作り方のポイント
○後ろ身頃のベンツ部分は、左右の裁ち方が違います。
○カジュアルな素材なので、縫い代をロックミシン（ジグザグミシン）で始末しています。

## 作り方順序
（Dの型紙をアレンジし、裁ち方図を参考に裁断。表地の裏に接着芯をはっておく）
<表身頃を作る>
1　前身頃に箱ポケットを作る（p39）
2　後ろ中心線を縫い、ベンツを作る（右図 2）
3　衿を作る（p61- 3）
4　身頃の肩線と脇線を縫い（p59- 2）、縫い代を前側に倒してミシン（右図 4）
5　前見返しと後見返しを縫い合わせる（p59- 5）
6　身頃と見返しの間に衿をはさんで縫い合わせる（p62- 12）
7　袖を作り（p65- 5 - 1 2）、縫い代をロックミシンで始末し、前側に倒してミシン（右図 7）
8　袖を身頃につけ（p65- 5 - 5～7）、袖ぐりをロックミシンで始末する
9　すそと袖口を三つ折りミシン（右図 9）
10　見返しを縫い代に縫いとめる（p59- 10）
11　ボタン穴を作り、ボタンをつける（p35- 18）

## 型紙Dのアレンジ（単位 cm）

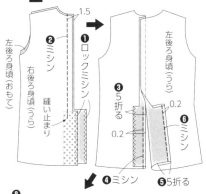

## 作り方（単位 cm）

2　後ろ中心線を縫い、ベンツを作る

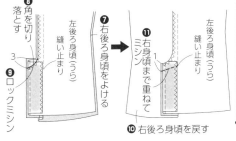
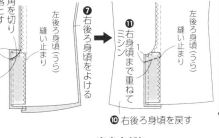

## 出来上がり

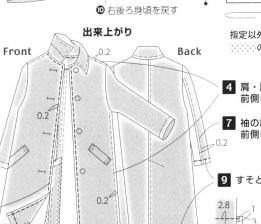

## 生地の裁ち方（単位 cm）

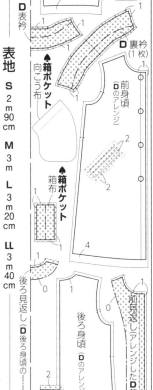

表地
S 2m90cm
M 3m
L 3m20cm
LL 3m40cm

122cm幅

指定以外の縫い代は1.5cm
の位置に接着芯をはる

4　肩・脇の縫い代を前側に倒してミシン

7　袖の縫い代を前側に倒してミシン

9　すそと袖口を三つ折りミシン

71

### かたやまゆうこ

文化服装学院卒業後、手芸・ソーイング雑誌の編集者を経て洋裁教室を主宰。美しい型紙作りと少ない工程でわかりやすい作り方解説を追求し、ソーイングスペシャリストとして洋裁テクニックを発信中。

池袋 Sewing Studio
https://ameblo.jp/katagami-sewing

| | |
|---|---|
| 企画・構成 | 野沢恭恵 |
| デザイン | 阪戸みほ |
| 撮影 | 新居明子 |
| プロセス撮影 | 亀和田良弘 |
| モデル | hiromi |
| 作り方トレース | 白井麻衣 |
| 校閲 | 滄流社 |
| 編集担当 | 大橋早苗 |

**生地・資材協力**

ヨーロッパ服地のひびき
☎ 06-6772-1406
https://www.rakuten.co.jp/hideki/

岩瀬商店
☎ 03-3807-3196
http://www.nunoiwase.jp

服地と洋服のお店 ファッションポラリス
☎ 03-3602-2123
http://www.fpolaris.com

長戸商店
☎ 03-3806-0007

布地のお店 ソールパーノ
☎ 06-6233-1329
https://www.rakuten.co.jp/solpano/
https://store.shopping.yahoo.co.jp/solpano/

オカダヤ新宿本店
☎ 03-3352-5411
http://www.okadaya.co.jp/shinjuku

フジックス（糸、p43）
☎ 075-463-8112
http://www.fjx.co.jp

渡辺布帛工業（テープ、p41）
☎ 06-6772-1551
http://www.watanabefuhaku.co.jp/

ネオ・ジャパン（ネームラベル）
☎ 03-3446-6951
http://www.neo-japan.jp/

※作品に使用の生地は2018年8月現在の商品のため、販売終了となる可能性があります。

## コートを縫おう。

| | |
|---|---|
| 著者 | かたやまゆうこ |
| 編集人 | 石田由美 |
| 発行人 | 永田智之 |
| 発行所 | 株式会社主婦と生活社 |
| | 〒104-8357　東京都中央区京橋3-5-7 |
| | http://www.shufu.co.jp/ |
| 編集代表 | ☎ 03-3563-5361　FAX 03-3563-0528 |
| 販売代表 | ☎ 03-3563-5121 |
| 生産代表 | ☎ 03-3563-5125 |
| 製版所 | 東京カラーフォト・プロセス株式会社 |
| 印刷所 | 大日本印刷株式会社 |
| 製本所 | 共同製本株式会社 |

Ⓒ YUKO KATAYAMA 2018 Printed in Japan

Ⓡ 本書を無断で複写複製（電子化を含む）することは、著作権法上の例外を除き、禁じられています。本書をコピーされる場合は、事前に日本複製権センター（JRRC）の許諾を受けてください。また、本書を代行業者等の第三者に依頼してスキャンやデジタル化をすることは、たとえ個人や家庭内の利用であっても一切認められておりません。
JRRC（https://jrrc.or.jp/　eメール：jrrc_info@jrrc.or.jp　電話：03-3401-2382）

十分に気をつけながら造本していますが、万一、乱丁、落丁の場合は、お買い求めになった書店か小社生産部へご連絡ください。お取り替えいたします。

※本書掲載作品の複製頒布、および販売はご遠慮ください。

ISBN978-4-391-15149-7